湖南省"十三五"教育科学研究基地"高职院校'双一流'建设研究基地"
建设成果暨研究基地重大资助课题"'双高计划'背景下高职院校现代化治理
能力研究与实践"（XJK20ZDJD09）研究成果

基于人才培养模式的视角：
现代学徒制研究与实践

杨　虹　龚添妙　谢盈盈　高树平　刘姣瑶　著

电子工业出版社·

Publishing House of Electronics Industry

北京·BEIJING

内 容 简 介

本书聚焦现代学徒制人才培养，梳理学徒制的演变与发展逻辑，厘清现代学徒制的内涵与特征，明晰现代学徒制的主体及权益诉求，分析我国现代学徒制的发展现状，开展现代学徒制的国际比较与借鉴，提出了学校主体下现代学徒制人才培养的实施路径，以企业新型学徒制为例探讨了学徒制的拓展与创新。

本书可为研究者了解现代学徒制人才培养模式已有研究和对未来的预测提供便利，丰富国内关于现代学徒制人才培养模式研究的理论成果，也可促进学生的可持续发展和为现代学徒制人才培养模式改革实践提供一定的参考和依据。

图书在版编目（CIP）数据

基于人才培养模式的视角：现代学徒制研究与实践 / 杨虹等著. —北京：电子工业出版社，2021.3

ISBN 978-7-121-40851-9

Ⅰ. ①基… Ⅱ. ①杨… Ⅲ. ①高等职业教育－学徒－教育制度－研究－中国 Ⅳ. ①G718.5

中国版本图书馆 CIP 数据核字（2021）第 053951 号

责任编辑：王昭松
印　　刷：三河市鑫金马印装有限公司
装　　订：三河市鑫金马印装有限公司
出版发行：电子工业出版社
　　　　　北京市海淀区万寿路 173 信箱　邮编：100036
开　　本：720×1 000　1/16　印张：12.75　字数：160 千字
版　　次：2021 年 3 月第 1 版
印　　次：2021 年 3 月第 1 次印刷
印　　数：1000 册　定价：49.80 元

前　言

　　2014 年 8 月，教育部颁布《关于开展现代学徒制试点工作的意见》（教职成〔2014〕9 号），整体部署现代学徒制试点工作，提出努力构建现代学徒制培养体系，全面提高技术技能人才的技术能力和水平。自 2015 年启动现代学徒制试点至今，教育部相继遴选三批共 562 个现代学徒制试点单位（其中高职院校 409 所），在全国范围内开展关于现代学徒制的试点改革与实践探索，形成了区域分布、行业布点、类型结构合理的良好态势。

　　在这期间，现代学徒制成为职业教育领域重点关注的研究课题，现代学徒制在理论研究和实践创新方面都取得了较大进展。有学者从宏观教育理论入手致力于探讨职业教育现代学徒制的内涵、价值、人才培养模式、制度及体系构建，也有学者从微观教育实践出发探讨现代学徒制发展的现状与问题，这些均为我国现代学徒制的创新发展提供了思路和建议。

　　本书从人才培养模式的视角，对现代学徒制进行系统研究。一是梳理学徒制在我国发展的演进历程，总结学徒制在不同发展阶段呈现的主要特征，分析学徒制发展逻辑的指向性。二是全面厘清现代学徒制作为一种重要的新型人才培养模式的内涵、特征，把握其与校企合作、传统学徒制、订单培养等其他人才培养模式的联系和区别。三是明确现代学徒制中政府、学校、雇主、学徒等不同主体的身份地位及其职责分工，通过分类治理满足不同利益主体的合理权益与诉求。四是分析我国现代学徒制发展的整体概况，查找存在的问题，对已有实践进行总结和反思。五是了解并分析德国等职业教育发达国家现代学徒制的具体模式，借鉴其成功经验，为我国现代学徒制的研究与实践提供发展思路。六是从确定人才培养目标、构建模块化课程体系、创新个性化与情境化教学方法、建立双导师队伍和优化管理方式等方面着手，探讨学校主体下的现代学徒制实施路径。七是对学徒制进行拓展与创新，从政策文本出发，对比现代学徒制和企业新型学徒制，对企业新型学徒制"新"在何处进行内涵辨析，研究其发展瓶颈和推进策略，以改革技能人才培训制度，更好地为壮大新动能、产业转型升级和现代企业发展培养知识型、技能型、创新型人才。

本书作为湖南省"十三五"教育科学研究基地"高职院校'双一流'建设研究基地"建设成果、研究基地重大资助课题"'双高计划'背景下高职院校现代化治理能力研究与实践"（XJK20ZDJD09）研究成果，是研究团队通力协作的集体智慧结晶。全书由课题主持人杨虹总体设计，各章按统一体例由执笔人独立完成，杨虹对书稿进行了通篇修改和定稿。各章执笔人为：杨虹负责完成前言、第一章和第二章；谢盈盈负责完成第三章和第五章；高树平负责完成第四章；刘姣瑶负责完成第六章；龚添妙负责完成第七章和第八章。

本书可为研究者了解现代学徒制人才培养模式已有研究和对未来的预测提供便利，丰富国内关于现代学徒制人才培养模式研究的理论成果，也可促进学生的可持续发展和为现代学徒制人才培养模式改革实践提供一定的参考和依据。限于作者科研能力和写作水平，本书错误和不足之处在所难免，敬请各位专家、学者和广大职业教育同人不吝赐教。

目　录

第一章

绪　论

　　职业教育作为一种类型教育，校企合作、工学结合是体现其类型本质的关键所在，也是当前我国职业教育改革和发展的必由之路。高职教育作为职业教育体系的重要组成部分，在探索以校企合作为核心理念和主要形式的人才培养模式改革历程中，从工学结合到订单式培养，再到现代学徒制，取得了突破性进展，为国家经济发展和产业转型升级提供了重要人力支撑。现代学徒制作为当前我国高职教育人才培养模式的重要形态，是高职院校人才培养模式改革实践的一个创新点，在新时代背景下被赋予了新的内涵和使命。

一、研究背景

（一）政策支持与导向

2014 年 5 月,《国务院关于加快发展现代职业教育的决定》提出, "深化产教融合, 鼓励行业和企业举办或参与举办职业教育, 发挥企业重要办学主体作用", 要求 "开展校企联合招生、联合培养的现代学徒制试点, 完善支持政策, 推进校企一体化育人"。将开展现代学徒制试点列为推进人才培养模式创新的重要举措, 标志着现代学徒制已成为国家人力资源开发的重要战略。2014 年 8 月, 教育部印发《关于开展现代学徒制试点工作的意见》, 整体部署现代学徒制试点工作, 对我国现代学徒制试点及中国特色现代学徒制度的构建提出了具体要求和相应安排。2017 年 12 月,《国务院办公厅关于深化产教融合的若干意见》强调, 要 "全面推行现代学徒制和企业新型学徒制, 推动学校招生与企业招工相衔接, 校企育人'双重主体', 学生学徒'双重身份', 学校、企业和学生三方权利义务关系明晰"。产教融合、校企合作是当前职业教育领域改革发展的重大议题, 在此背景下系统研究现代学徒制人才培养模式这一课题是应时之举, 具有重要的现实意义和理论价值。

（二）试点实践与探索

自 2015 年启动现代学徒制试点至今,教育部相继遴选三批共 562 个现代学徒制试点单位（其中高职院校 409 所）, 在全国范围内开展了关于现代学徒制的试点改革与实践探索, 形成区域分布、行业布点、类型结构合理的良好态势。开展现代学徒制试点工作是推进现代职业教育体系建设的重要举措，是高职院校人才培养模式改革的主流趋势。试点改革工作实施以来，试点院校立足区域特色，充分发挥自身优势，探索现代学徒制的改革创新路径，主要从五个方面展开探索实践，并取得了初步成效。一是探索校企"双主体"协作育人机制，统筹校企双方教学资源，建立育人成本分担机制；二是推进招生招工一体化工作，制订并实施校企双方招生招工一体化方案，签订院校、企业和学生三方协议；三是不断完善人才培养制度和标准，校企双方重构人才培养方案和专业课程体系，建立基于能力本位的教学内容和教学标准；四是建立校企互聘共用的师资队伍，完善人才培养双导师制度，校企联合开展技术研发和社会服务；五是构建现代学徒制改革的管理制度，探索现代学徒制人才培养模式下教学运行管理制度和质量监控管理制度[①]。

（三）质量关切与诉求

人才培养是高职院校的基本职能，人才培养质量是高职院校的生命线，而人才培养模式是事关人才培养质量的首要问题。在经济新常态、产业转型升级、科学技术进步等外部环境变化的背景下，为取得更好的成效，高职院校的内涵式发展、高水平建设、人才培养质量的持续提升均需围绕人才培养模式的整体改革展开。当前，我国高职院校人才培养以"校企合作、工学结合"为标志化特征，这种体现了技术技能型人才职业成长特性的"校企合作、工学结合"人才培养模式为我国经济发展提供了重要的人才资源支撑和智力支持。与此同时，

---

① 顾志祥：《我国职业教育现代学徒制改革的成效、反思与展望》，《教育与职业》2020年第1期。

我国职业教育开展校企合作、工学结合始终面临着不少现实困境，这在一定程度上影响了人才培养质量的有效提升。现代学徒制的本质特征在于强调企业在技术技能型人才培养中的主体地位，重视工作情境中的职业知识和技能的积累，是现代职业教育人才培养模式改革创新的重要形式。当然，高职院校人才培养模式的深化改革并非另起炉灶、重新做起，而是在坚守高职院校与经济社会、行业企业紧密联系的原则与前提下展开的，是在完善校企合作、工学结合育人机制的基础上进行的，是内部动因与外界因素共同赋予的一种质量关切与诉求。因此，实施现代学徒制人才培养模式在某种意义上可破解企业参与高职院校人才培养程度不深、积极性不高的难题，可以以更丰富的形式践行和发展工学结合的人才培养模式。

 二、文献综述

（一）现代学徒制的内涵研究

现代学徒制的概念内涵是开展现代学徒制研究和实践的逻辑起点，国内学者对现代学徒制的本质意蕴、要素内涵等从不同视角给予辨析和解读。关晶、石伟平（2014 年）在《现代学徒制之"现代性"辨析》中认为，现代学徒制作为一种教育制度，其"现代性"是在质态和形态变化上呈现出的基本特征，功能目的从重生产性到重教育性、教育性质从狭隘到广泛、制度规范从行会层面上升到国家层面、利益相关者机制从简单到复杂、教学组织从非结构化到结构化[①]。赵志群、陈俊兰（2014 年）在《现代学徒制建设——现代职业教育制度的重要

---

① 关晶、石伟平：《现代学徒制之"现代性"辨析》，《教育研究》2014 年第 10 期。

补充》中指出，现代学徒制是将传统学徒培训与现代学校教育相结合的合作教育制度，是现代职业教育制度的重要组成部分[①]。杜广平（2014年）在《我国现代学徒制内涵解析和制度分析》中将现代学徒制认为是企业本位、基于工作进行学习的职业教育制度，它综合了学历职业教育和在职职业培训的优点，是一种理想的职业教育形式[②]。陈海峰（2015年）在《现代学徒制的本质及模式多样化探讨》中认为，从高职教育管理活动宏观视域来看，现代学徒制的本质属性是法治化，明显区别于传统学徒制；从高职教育教学活动微观视域来看，现代学徒制的本质属性是师徒化，又显著区别于学校教育[③]。徐国庆（2017年）在《我国职业教育现代学徒制构建中的关键问题》中认为，现代学徒制的内涵有基于稳固师徒关系的技术实践能力学习方式、针对现代工业与服务业中技术技能人才培养的学徒制、新型师徒学习方式与学校职业教育相结合的人才培养模式、一种基于现代职业教育的技术技能人才培养制度四个最为本质的方面[④]。上述对现代学徒制概念内涵本质的多元解读，丰富了现代学徒制的语意表达，厘清了我国现阶段所提出的现代学徒制的时代意涵。

（二）现代学徒制的利益主体研究

现代学徒制的实施是政府推行，行业指导，学校和企业联手，

---

① 赵志群、陈俊兰：《现代学徒制建设——现代职业教育制度的重要补充》，《北京社会科学》2014年第1期。

② 杜广平：《我国现代学徒制内涵解析和制度分析》，《中国职业技术教育》2014年第30期。

③ 陈海峰：《现代学徒制的本质及模式多样化探讨》，《中国职业技术教育》2015年第18期。

④ 徐国庆：《我国职业教育现代学徒制构建中的关键问题》，《华东师范大学学报（教育科学版）》2017年第1期。

共同对学生（学徒）进行培养，所以现代学徒制主要涉及的利益主体有政府、行业、企业、学校和学生。苑国栋（2009 年）在《政府责任：实现校企合作的必要条件——来自现代学徒制的启示》中将政府作为主要研究对象，提出政府应主动承担重要责任，来解决我国现代学徒制普遍存在的职业院校诸多自身问题难以克服、企业参与积极性不高等问题[①]。黄享荀（2013 年）在《现代学徒制要以学校为主导》中通过分析我国职业院校在现代学徒制中的优越性，提出应充分发挥学校在现代学徒制中的骨干作用和主导作用，确立学校主导的现代学徒制实施战略[②]。欧阳忠明、韩晶晶（2014 年）在《雇主参与现代学徒制的利益与权力诉求——基于英国学徒制项目调查报告的分析》中，以企业（雇主）为主要研究对象，分析了影响企业参与现代学徒制的意愿和强度的重要因素[③]。章颖、钟华华、王玫武（2014 年）在《现代学徒制背景下高职生职业成熟度研究》中把学徒定位为在校学生，从心理学角度出发，讨论现代学徒制背景下高职生职业成熟度[④]。陈诗慧、张连绪（2020 年）在《利益相关者视角下现代学徒制的主体诉求、问题透视与实践突破》中认为，行业协会作为连接学校和企业的桥梁纽带，与企业成员的利益具有相关性和一致性，其利益诉求主要在于协助培养行业内所需的人才，推动行业领域内的技术开发，促进本行业有序稳定发展[⑤]。通过分析现

---

① 苑国栋：《政府责任：实现校企合作的必要条件——来自现代学徒制的启示》，《职教论坛》2009 年第 16 期。

② 黄享荀：《现代学徒制要以学校为主导》，《中国职业技术教育》2013 年第 24 期。

③ 欧阳忠明、韩晶晶：《雇主参与现代学徒制的利益与权力诉求——基于英国学徒制项目调查报告的分析》，《教育发展研究》2014 年第 11 期。

④ 章颖、钟华华、王玫武：《现代学徒制背景下高职生职业成熟度研究》，《教育与职业》2014 年第 2 期。

⑤ 陈诗慧、张连绪：《利益相关者视角下现代学徒制的主体诉求、问题透视与实践突破》，《职业技术教育》2017 年第 22 期。

代学徒制主要利益主体的相关研究，我们可以看出五大主体是紧密相连、互相影响的。政府部门是现代学徒制的推动者和宏观管理者，行业协会是现代学徒制的指导者和协调者，学校和企业是两大合作育人教育主体，学生是教育客体，是现代学徒制的直接受益者。只有各利益主体都积极主动地参与其中，现代学徒制才能真正发挥人才培养的独特优势。

（三）现代学徒制的国际比较研究

德国双元制、英国现代学徒制、澳大利亚新学徒制、美国"扩大学徒制"计划等西方各国推行的现代学徒制也吸引国内学者从比较视野来关注其对我国现代学徒制的启示意义。关晶、石伟平（2011年）在《西方现代学徒制的特征及启示》中将二战以后出现的以德国双元制为典型、适应经济与社会的现代性要求、以校企合作为基础、纳入国家人力资源开发战略的学徒制形态统称为"现代学徒制"，提出应结合我国职业教育发展的现状，在深化职业教育工学结合改革及加强新生代农民工的职业教育与培训方面借鉴现代学徒制，改造我国学校本位的职业教育，使校企合作、工学结合向纵深发展[①]。李铭辉（2014年）在《英德现代学徒制教育方法及启示》中总结出，英德两国实施现代学徒制的基本做法是构建统一的资格框架、建立系统的双元制课程体系、实施有效的双元制课程教学等，提出我国的现代学徒制应在构建具有能力等级特点的证书体系、建立体现双元制特点的课程体系、实施符合现代学徒制特点的柔性化教学等方面加强探索实践[②]。张大伟、刘阳（2019年）在《英国学徒标准的开

---

① 关晶、石伟平：《西方现代学徒制的特征及启示》，《职业技术教育》2011 年第 31 期。

② 李铭辉：《英德现代学徒制教育方法及启示》，《中国高等教育》2014 年第 7 期。

发及其启示》中认为，应借鉴英国学徒标准开发的内容、路径等成功经验，发挥企业作为学徒培养主体的作用，形成多方参与的合作与协调机制，建立健全学徒质量保证体系，以有效推进我国现代学徒制工作的开展[①]。伏梦瑶（2019年）在《美国"扩大学徒制"计划动向与启示》中从计划缘起、推进措施、实施方法、实施成果等方面剖析美国"扩大学徒制"计划，提出其对我国现代学徒制的启示是：巧妙引入多主体参与，适当扩大培养对象的范围，合理构建网络信息平台[②]。现代学徒制的成功复兴与经验累积从20世纪60年代德国实行双元制起，在西方国家已有较长历史，我国现代学徒制试点有必要吸取这些教育发达国家的成功经验，在此基础上结合我国具体国情开展现代学徒制，将会达到事半功倍的效果。

（四）现代学徒制的政策制度研究

为了更好地探索和推行现代学徒制，有必要梳理推动其上升为国家意志的政策制度的发展轨迹，以便从中把握具有规律性的发展方向。朱厚望、高树平（2015年）在《基于意图解释模型的现代学徒制政策研究》中利用意图解释模型对现代学徒制试点政策行动进行解读，提出加强技术技能积累，服务发展意图，强化校企合作与工学结合，构建校企协同育人机制。校企协同育人机制价值追求应在立德树人和服务发展之间保持张力，需要构建多方权益保障机制，提高企业的实践认受性[③]。程宇（2015年）在《我国现代学徒制的政策发展轨迹与实现路径》中指出，为进一步深入推动现代学徒制，

---

① 张大伟、刘阳：《英国学徒标准的开发及其启示》，《职教通讯》2019年第17期。
② 伏梦瑶：《美国"扩大学徒制"计划动向与启示》，《职教通讯》2019年第17期。
③ 朱厚望、高树平：《基于意图解释模型的现代学徒制政策研究》，《中国职业技术教育》2015年第32期。

在制度层面需要法律保障，在机制层面需要建立相应的管理机制和经费投入机制，在实践层面需要学校在课程、教学模式及指导方面开展更加微观和细化的改革①。王辉、李岷（2018 年）在《我国现代学徒制政策研究及启示》中指出，我国现代学徒制从 2009 年开始探索，到 2015 年全面试点实施，经历了初步探索、政策发布和系统实施三个阶段。从政策视角提出推进现代学徒制试点工作要构建多方沟通交流机制、构建多方权益保障机制、构建多方支持激励机制②。褚建伟（2019 年）在《现代学徒制环境制度研究》中指出，现代学徒制的产生和发展需要一定的条件和相关环境制度，历史文化是基础，法律制度是保障，政府支持是关键，企业利益是动力，学校转型是根本，资历框架是核心。只有明确政府、企业、学校、行业及相关组织各自的功能和职责，处理好多方利益主体的关系，才能保障现代学徒制健康持续发展③。李金（2019 年）在《我国现代学徒制发展的历史轨迹及未来趋向——基于政策分析的视角》中，以散见于我国各类政府文件中的政策文本为主线，追溯我国现代学徒制的政策演进历程，认为政策主体由单一到多元、政策目标由长远到具体、政策内容由宏观到微观、政策范围由局部到全面是近年来我国现代学徒制政策文本演变的总体特征④。

① 程宇：《我国现代学徒制的政策发展轨迹与实现路径》，《职业技术教育》2015 年第 9 期。
② 王辉、李岷：《我国现代学徒制政策研究及启示》，《中国职业技术教育》2018 年第 7 期。
③ 褚建伟：《现代学徒制环境制度研究》，《职教论坛》2019 年第 4 期。
④ 李金：《我国现代学徒制发展的历史轨迹及未来趋向——基于政策分析的视角》，《职教论坛》2019 年第 2 期。

（五）高职院校现代学徒制的实践研究

关于高职院校实施现代学徒制的困境与对策研究。吴建设（2014年）在《高职教育推行现代学徒制亟待解决的五大难题》中指出，高职教育推行现代学徒制存在的教育模式、学生身份、课程体系、导师机制、评价方式五大问题，应从构建"双主体"人才培养模式、解决"双身份"学徒身份问题、形成"双体系"校企课程结构、打造"双导师"专兼职师资队伍、建立"双标准"考核评价体系等方面来加以解决[①]。杜启平、熊霞（2015年）在《高等职业教育实施现代学徒制的瓶颈与对策》中指出，高职教育实施现代学徒制在思想认识、政策法规、评价机制上存在现实瓶颈，并提出加强宣传引导、出台法律法规和政策、建立健全评价机制等突破性对策[②]。张启富（2015年）在《高职院校试行现代学徒制：困境与实践策略》中指出，受制于企业利益不大、院校能力不强、学生前景不明和制度保障不够等因素，高职院校推行现代学徒制面临着"政府热、学校热，企业冷、学生冷"的实践困境，由此提出高职院校试行现代学徒制应选择供给引导型的现代学徒制试点模式，小范围、小规模开展现代学徒制试点，制订基于现代学徒制的工学结合培养方案，推进学生考核评价的"四个转变"[③]。

关于现代学徒制实践探索的研究。赵鹏飞、陈秀虎（2013年）在《"现代学徒制"的实践与思考》中，总结清远职业技术学院探索

---

① 吴建设：《高职教育推行现代学徒制亟待解决的五大难题》，《高等教育研究》2014年第2期。

② 杜启平、熊霞：《高等职业教育实施现代学徒制的瓶颈与对策》，《高教探索》2015年第3期。

③ 张启富：《高职院校试行现代学徒制：困境与实践策略》，《教育发展研究》2015年第3期。

与实践以现代学徒制为主导的双元育人的人才培养模式，主要特征为企业双元育人、交替训教、岗位培养；学徒双重身份、工学交替、岗位成才等，并从政策和内涵两个环境条件给出实施现代学徒制的建议①。贾文胜、潘建峰、梁宁森（2017 年）在《高职院校现代学徒制构建的制度瓶颈及实践探索》中，通过深入剖析某高职院校现代学徒制实践案例，提出利益驱动、沟通协商、教师合作、课程开发、质量保障五大机制，为作为基层创新与实践主体的高职院校指出了在当前制度环境下现代学徒制的实践路径②。桂文龙、刘俊栋、苏治国、王利刚（2020 年）在《高职院校现代学徒制试点工作的实践探索》中，结合江苏农牧科技职业学院实施国家现代学徒制试点项目的实践与取得的成效，阐述了高职院校在实施现代学徒制试点工作过程中的校企协同育人、招生招工一体化、人才培养方案和标准制定、"双导师"教学团队建设、运行管理制度和考核评价机制建立等成功经验，并为进一步全面推广现代学徒制提出了建议③。众多学者详尽分析了高职院校开展现代学徒制试点改革与探索过程中所出现的困难、问题，总结出了实践过程中的成功经验与成效，给出了有益建议，有助于职业院校进一步提升技术技能人才培养质量。

（六）现代学徒制的教学过程研究

关于现代学徒制教师队伍的研究。李传伟、董先、姜义（2015年）在《基于现代学徒制的师资队伍培养模式研究》中提出，以现

① 赵鹏飞、陈秀虎：《"现代学徒制"的实践与思考》，《中国职业技术教育》2015 年第 12 期。

② 贾文胜、潘建峰、梁宁森：《高职院校现代学徒制构建的制度瓶颈及实践探索》，《华东师范大学学报（教育科学版）》2017 年第 1 期。

③ 桂文龙、刘俊栋、苏治国、王利刚：《高职院校现代学徒制试点工作的实践探索》，《高教学刊》2020 年第 15 期。

代学徒制作为平台，建设职业院校师资队伍，应出台政策，鼓励教师到企业顶岗实践；解决教师日常教学与顶岗实践的矛盾；科学评价顶岗实践，推动现代学徒制的内涵建设[1]。韩天学（2016 年）在《缄默知识理论视域下现代学徒制企业师傅的角色定位》中认为，企业师傅在现代学徒制中承担起缄默知识和技能经验传授者、职业素养示范者和企业文化传承者的重要角色。同时，为充分发挥企业师傅的重要作用，确保现代学徒制卓有成效地实施，不仅政府要出台支持和鼓励企业参与现代学徒制的政策法规，还需企业和学校完善企业师傅实施徒弟培养的相应制度[2]。崔发周（2020 年）在《现代学徒制视域下"双师型"教师的科学内涵与培育路径》中认为，采用以现代学徒制为基本培养制度的校企双元培养模式，需要建立起相互协同的职业院校教师队伍和企业教师队伍。建设职业教育教师学院，是提高企业教师专业化水平的重要措施；建设企业职教教师流动工作站，是提高职业院校教师专业化水平的重要措施。在提高专兼职教师个体素质的基础上，提高"双师型"教学团队的协同工作能力，是"双师型"教师培育工作的最终目标[3]。

关于现代学徒制课程问题的研究。陈秀虎、谌俊等（2015 年）在《现代学徒制专业课程体系构建的探索与实践》中，从构建现代学徒制课程体系的主要依据和基本要求入手，重点分析了现代学徒制专业课程体系基本组成及构建方法[4]。陈旭、徐国庆（2017 年）

① 李传伟、董先、姜义：《基于现代学徒制的师资队伍培养模式研究》，《上海教育评估研究》2015 年第 3 期。

② 韩天学：《缄默知识理论视域下现代学徒制企业师傅的角色定位》，《高教探索》2016 年第 4 期。

③ 崔发周：《现代学徒制视域下"双师型"教师的科学内涵与培育路径》，《教育与职业》2020 年第 7 期。

④ 陈秀虎、谌俊等：《现代学徒制专业课程体系构建的探索与实践》，《中国职业技术教育》2015 年第 21 期。

在《现代学徒制背景下职业教育课程存在的问题与改革方向——基于 DACUM 课程开发技术的启示》中认为，我国现代学徒制的实施在职业教育课程领域尚存在的问题与不足，主要表现在课程培养目标定位不准确、课程内容实用性矛盾突出、课程学分制实施面临困境等。基于 DACUM 课程开发技术，提出现代学徒制的课程改革应坚持"职业人才"的培养目标，进行基于工作任务的模块化课程的改革，完善任务完成评定表，不断完善职业教育课程[①]。王丹、赵文平（2018 年）在《现代学徒制的研究进展及审视：课程维度》中，从课程的角度对我国职业教育现代学徒制开展研究的状况进行分析，以了解目前职业教育现代学徒制课程体系、课程形态等内容的研究进展，并从课程或课程论的角度探讨现代学徒制研究的趋势[②]。

关于现代学徒制教学管理的研究。王振洪、成军（2012 年）在《现代学徒制：高技能人才培养新范式》中提出，在现代学徒制教学管理上应充分体现以他方为中心和一切为了学生更好地发展的教育理念。要依据培养过程中学生发展的共性和个性需求选择教学组织方式，树立以他方为中心的服务理念，实行校企共同参与的"柔性化"的教学管理模式，校企共同实施课程管理、共同评价课程实施效果和评估高技能人才培养绩效，为现代学徒制培养高技能人才提供管理上的支撑[③]。李祥（2015 年）在《现代学徒制模式下高职学生管理工作研究》中认为在现代学徒制模式下，高等职业教育的教育主体、学生身份、教学地点与时间、教学内容与方法都发生了改变，

① 陈旭、徐国庆：《现代学徒制背景下职业教育课程存在的问题与改革方向——基于DACUM课程开发技术的启示》，《当代职业教育》2017年第1期。
② 王丹、赵文平：《现代学徒制的研究进展及审视：课程维度》，《职教通讯》2018年第3期。
③ 王振洪、成军：《现代学徒制：高技能人才培养新范式》，《中国高教研究》2012年第8期。

高职学生管理工作要完善规章制度；要对学生进行综合素质教育；要对学生进行企业文化熏陶；要引导学生进行自我管理；要充分利用网络，创建高职学生管理工作新平台，确保现代学徒制人才培养目标的实现[①]。欧阳丽、罗金彪（2017 年）在《现代学徒制管理制度体系的设计与思考》中以广州铁路职业技术学院为案例，详细阐述了校企如何共同构建起纵向衔接、横向贯通的现代学徒制管理制度体系，以及校企实施微观层面的现代学徒制管理制度应涵盖的总体内容[②]。杨红英、曾广琼（2019 年）在《现代学徒制背景下人才培养管理制度体系建构》中，从立体式整体设置和人本性定位两大方面建立一系列与现代学徒制相配套的管理制度，保障现代学徒制的有效运行和过程监管[③]。

　　从国内外已有研究中可以看出，现代学徒制得到了职教领域学者的普遍关注，相关研究具有一定的广度和深度，但还存在一些不足。一是缺乏对现代学徒制有说服力的界定。当前，学者对现代学徒制的内涵有不同的理解。有人从学校层面上认为现代学徒制是一种人才培养模式，也有人从国家层面上认为现代学徒制是一种职业教育制度。即使在同一层面上也有众多解释，尚未达成共识，在现代学徒制发展中产生许多理论困惑。二是缺乏对本土化现代学徒制职业教育模式的研究。当前的研究范围局限于对传统学徒制历史及国外现代学徒制的研究，对于国内现代学徒制本土化研究主要停留在国外成功经验借鉴及国内试点院校经验总结层面，很少将国外借鉴与国内经验做法提升到理论层面，构建具有可推广价值的中国特

---

① 李祥：《现代学徒制模式下高职学生管理工作研究》，《教育探索》2015 年第 8 期。
② 欧阳丽、罗金彪：《现代学徒制管理制度体系的设计与思考》，《职教论坛》2017 年第 4 期。
③ 杨红英、曾广琼：《现代学徒制背景下人才培养管理制度体系建构》，《新课程研究》2019 年第 26 期。

色现代学徒制职业教育模式。鉴于此，本研究以人才培养模式视角为研究切入点，对高职现代学徒制进行系统研究，针对现代学徒制发展中的理论困惑，分析现代学徒制存在的问题，创新和构建本土化的现代学徒制人才培养模式，拟为培养具有工匠精神的高素质技术技能人才寻求解决之道。

 **三、研究方案**

（一）研究目标

（1）通过理论分析与实证研究，揭示现代学徒制的本质特征及主体诉求。

（2）尝试构建学校主体下现代学徒人才培养的实施路径，为高职人才培养模式改革与创新找到突破口。

（3）通过对课题所在院校现代学徒培养及实效的个案研究，为高职现代学徒制人才培养模式创新提供可借鉴的范式。

（二）研究对象

本研究着眼于现代学徒制人才培养，对象范围限于高等职业教育（本研究中简称"高职"）。对研究对象的核心概念界定如下。

现代学徒制区别于传统学徒制，它是以校企合作为基础、适应当代经济社会发展要求、将学校理论知识和企业实践经验相结合，以提高劳动者素质为目的的学徒制形式。

人才培养模式从属于"教育"这一概念，它是教育的具体实践形式，是由人才培养的指导思想、目标、内容、方式、质量评价标准等要素构成的相互协调的系统。它反映了人才培养目标、规格、过程及评价之间的规律性关系，是一所大学办学思想、理念、水平和特色的集中体现。

（三）研究内容

本研究在厘清基本概念和相关理论的基础上，总体上回答"学徒制的演变与发展逻辑是什么？""现代学徒制的内涵与特征有哪些？""现代学徒制的主体及权益诉求是什么？""我国现代学徒制发展现状如何、存在哪些问题及影响因素？""如何构建学校主体下的现代学徒人才培养实施路径？"等基本问题。具体内容包括以下几部分。

（1）学徒制的演变与发展逻辑研究。主要研究古代、近代、现代学徒制的演变过程，明晰各发展阶段学徒制的主要特征，从技术生存、社会分工、技术专有化、职业教育兴起等不同维度分析学徒制演变发展的历史逻辑，从历史发展视角为现代学徒制研究奠定基础。

（2）现代学徒制的内涵与特征研究。主要研究现代学徒制作为一种重要的新型人才培养模式的本质核心与构成要求，分析其主要特征，把握其与校企合作、传统学徒制、订单培养等其他人才培养模式的联系和区别，从理论层面为现代学徒制研究奠定基础。

（3）现代学徒制的主体及权益诉求研究。主要研究现代学徒制的办学主体、教学主体、学习主体，明确其主要职责及权益诉求，在分析现代学徒制各主体利益博弈的基础上，提出分类治理的思路，推进现代学徒制的有效实施。

（4）我国现代学徒制发展现状研究。主要从校企合作模式、人才培养方式、师资队伍建设、管理与考核制度、外部支持环境等方面对现代学徒制的已有实践进行系统梳理，把握现代学徒制发展的整体概况，分析存在的主要问题及影响因素，为后续研究提供参考。

（5）现代学徒人才培养实施路径研究。主要从学校主体的视角出发，研究现代学徒人才培养目标的定位、现代学徒制课程体系的构建、现代学徒制教学方法的变革、现代学徒制双导师队伍的建设、现代学徒制教学管理的创新等，提出现代学徒人才培养的实施路径。

（四）研究方法

本研究采取定性分析与定量分析、综合研究与专题研究相结合的方法，具体如下。

文献分析法：搜集国内外关于"现代学徒制"研究的关键性文献，特别是第一手资料，掌握国内外高职人才培养模式的发展趋势、现代学徒制的实施情况及影响因素等方面已有的理论和实践成果。

调查研究法：结合供给侧改革、"双高"校建设等时代背景，深入行业企业调研，并选取省内外具有代表性的职业院校为调查样本，把握现代学徒制人才培养的现状，总结经验，查找问题，提出方案。

个案研究法：选取某高职院校为个案研究对象，并依托大数据分析开展试点工作前后相关数据，梳理分析现代学徒"三元制"人才培养模式的实施情况，探索进一步提升培育实效的方案。

第二章
学徒制的演变与发展逻辑

学徒制作为一种亘古通今的职业教育活动方式，通过父传子或师傅带徒弟的方式进行教学，在技艺传承方面发挥了重要作用。当前，传统学徒制已趋式微，取而代之的是一种全新的将学校职业教育与传统学徒制的优点有机结合的职业教育形式——现代学徒制。本章梳理从传统学徒制到现代学徒制发展、更替、演变的历史脉络，以期对我国现代学徒制的改革发展有所裨益。

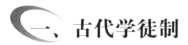

一、古代学徒制

自古代社会开始，我国就已存在学徒制，并将其作为一种传授知识的主要方式。随着奴隶社会经济发展、政治萌芽，学徒制进入发展萌芽阶段，此阶段的学徒制更多地存在于家庭内部，形成的是家庭学徒制，以血缘关系为纽带是其主要特征，学徒关系较为稳固。随着封建经济的进一步发展，学徒关系逐步突破家庭范畴，向社会经济中的各行各业渗透，宗法关系成为封建社会学徒制的主要特征，它存在权责不平等性，但仍维持学为子、师为父的学徒关系。

（一）奴隶制社会中的学徒制萌芽

1. 学徒制萌芽背景

（1）政治背景

夏商周时期，原始社会中的氏族民主制度逐渐走向崩溃，"家天下"替代"公天下"，私有制的产生推动了家庭和阶级的发展，并在社会等级制度基础上，逐渐建立和发展成为一种比较完善的政治制度，在我国古代社会确立了一项延续数千年、历史悠久的社会职业——管理。官职机构在西周王朝时期得到强化，以周王为核心朝廷之中设立太师、太傅和太保的师保辅弼之官，以太宰、太土、太祝、太宗、太史、太卜为代表的辅助天子办公的官职，以司徒、司空、司马、司寇为代表的中央政府官吏，以虎贲、膳夫、掇衣、内宰等为代表的宫廷事务属官[①]。在上周时期对工匠进行管理的官吏职位名称，最早在甲骨文中出现。

（2）经济背景

奴隶社会是在原始社会氏族公社瓦解的基础上建立起来的。自夏朝开始到西周结束，历经一千三百多年，农业、手工业、商业得到快速发展，特别是殷商时期，青铜业已达到全盛。在西周时期，手工业比较发达，不仅有专门负责金属冶炼的制铁和制铜金属工，

---

① 张晋藩、土超：《中国政治制度史》，中国政法大学出版社，1987，第159页。

还有玉石工、陶工、木工、皮革工等门类，社会分工产生"百工"；商业也在商周时期进入发展阶段，商代开创商业贸易先河，在殷墟中发现大量用于物物交换、以玉石和海贝为主的"货宝"；周王在禁酒令《酒诰》中提及"肇牵车牛远服贾，用孝养厥父母"，即子女牵牛驾车到外面去经商赚钱，以此对双亲进行孝养[①]。由此可见，在商代不仅手工业比较发达，而且由于社会分工在各个行业的广泛存在，社会交换更为频繁，从而推动了商业的兴起。

2. 学徒制发展历程

奴隶制社会学徒制先后经历师徒即父子、奴役、"养父子"、设学收徒等多个阶段。

（1）师徒即父子的学徒制

在奴隶社会，由于存在工商食官制度，官营手工业成为手工业中的主体。为官营手工业作坊生产的手工业百工，其身份隶属于官府，事实上仍然属于"百工"。官工为了维持自身特殊的社会地位，不会轻易外传其生产技能，他们主要在父子之间进行技艺传授。奴隶社会的百工习得技能，主要经历家庭父子相传的第一阶段和在官府被职官相授的第二阶段，且在官府中的职官相授也主要依靠父传子学、官守学业的方式，所以仍被称为"畴人世学"。

在师徒即父子的学徒制中，父子关系为师徒关系的核心，父亲言传身教、亲力亲为，不仅可以确保世代传习的技艺更加精良，而且还能确保家族对技能的长期独占，父亲可以把最高技艺毫无保留地传授给儿子，有利于促进社会生产技术稳定传承与发展。为了稳定社会经济发展及维护自身利益，统治阶层倡导"民不迁、农不移、工贾不变"的社会统治思想，从而使奴隶社会的学徒关系在家族内

---

① 刘春蕊：《试析传统文化中的忠孝观念及其现实意义》，《文教资料》2013 年第 5 期。

部成为自发行为，并以响应社会法规为支撑依据。

（2）奴役学徒制

百工职业教育进入第二阶段以后，工师职官负责管理与技术培训，低于自由人的"庶民"身份是百工的社会身份，他们隶属于官府，主要完成"给官"任务。当百工有不当行为时，工师行使监管职责，不仅对百工进行训练，而且负责对百工进行监管，因此，工师即百工师父，也承担监工职责。

社会分工在奴隶社会的进一步扩大和深入，导致手工业和农业生产中都需要大量的劳动力，许多奴隶在手工业作坊中专门从事手工生产，又进一步推动了社会分工的发展，无形之中也推动了工师对手工业作坊中从事手工生产的奴隶手工技能培训的强化。

无论是手工作坊中的奴隶，还是官府中的百工，都广泛存在着学徒制。终身、无偿、不自由、强制性，是该阶段学徒制的主要特点。这种具有奴役性质的学徒制，一直延续到封建时期的南北朝。

（3）"养父子"学徒制

自进入春秋时期，我国古代学徒关系走出家庭、走向社会，出现不属于家业父传的拟血缘关系。"养父子"学徒制存在的背景是绝艺在身，身无后人，为了避免绝艺失传，只能在家庭以外的人员中物色"养子"，个别传授技艺，从而使学徒制具有"养父子"式的拟血缘关系，学徒关系并无成文规定，主要依靠"社会习惯法"，又称"前学徒制"。

徒弟视师为父，与师父同吃、同住、同工作，师父在学徒制中是具有绝对权威的主体。师父在传授徒弟技艺期间，无偿获取徒弟劳动作为回报，其劳动范围不仅在生产领域，也可能在家庭生活领域，是古代社会最重要的职业教育方式。

鲁班作为春秋时期最著名的手工业工匠，自成名以后就广收门徒，学徒众多，出现许多颇有成就的学徒。长桑君考察扁鹊长达十年之久，知其非常人以后才收其为学徒；扁鹊出师以后，广收门徒并培养出子阳、子豹、子荣、子游等诸多著名学徒。

（4）设学收徒的学徒制

在奴隶社会发展后期，学校办学的学徒制开始发展起来，成为工艺技能传授的重要方式与渠道。随着社会生产力的大发展，奴隶制度逐渐瓦解，官府中的职官和百工流散民间，他们结合自身技艺设学收徒，虽然属于私学性质，但在本质上是技能传授和专业知识传授相结合的职业性私学。

3. 奴隶社会学徒制的主要特征

学徒制起源于奴隶社会，与当时的生产力、生产关系相匹配，主要具有以下两个特征。

（1）家庭血缘性

在奴隶社会，学徒制就已出现，但并非是具备真正意义的学徒制。学徒制在民间和官府中都基本上被限定在家庭内部，但在奴隶社会发展后期开始走出家庭、走向社会。由于学徒制是以家庭血缘关系为基础而存在的，没有制度明文规定师徒权责、学业期限和学徒年龄，因此它具备两个方面的优势：第一，父子学徒之间关系比较亲密，父亲作为师父，可以不用担心"教会徒弟、饿死师父"的问题，父亲可以毫无保留地传授技能给儿子，这种具有血缘性质的学徒关系是一种最为和谐和稳定的学徒关系；第二，采取点对点、一对一的技艺传授，徒弟通过"默会知识"习得技能，更容易对细节进行把握。但是，由于这种学徒制存在"传男不传女、传内不传外"的不成文规定，对受训范围和受训人的数量进行了严格约束，容易导致技艺传授的低效或断层问题。

（2）隐性权责性

血缘关系是奴隶社会中学徒关系存在的基础，但是缺乏明确的权责关系，无法对师徒关系进行刚性约束，而且技艺传授也更多依托于家庭或家族伦理，师徒之间存在隐性的权责人际关系。无论是师父毫无保留传授技艺的责任感，还是学徒执奉"一日为师、终身为父"的义务感，都是基于血缘关系而建立起来的自发行为，都是为了更好地维护家族社会地位，虽然没有对师父和学徒之间的权责进行明确界定，但师父与徒弟之间仍然能够保持和谐的人际关系。

因此，奴隶社会中的学徒制并非是严格意义上的学徒制，此时的学徒制只是以类似学徒制的形式存在的。直到隋唐时期出现了职业教育，古代学徒制才真正确立。隐性权责是奴隶社会中学徒制的主导力量，"民不迁、农不移、工贾不变"的学徒思想不只是技艺传授的专门法，更是为使国家政权稳定而不得已采取的一种治理方式和治理思想。

（二）封建制社会中的学徒制发展

自土地私有化开始，历史发展进入了封建社会，各级官府通过奴隶制度控制百工的关系基础逐渐消失。随着个体小农制度的出现和发展，奴隶社会中的"工商食官"社会分工格局受到冲击，民间和官府手工业工匠在社会上广泛存在，到清代前期，官府手工业仍然比较发达，一方面是统治阶级为了维持其穷奢极欲的生活提供大量的奢侈品，另一方面军事斗争也消耗了大量物资。民间手工业在此期间经历了两个重要发展阶段：第一阶段从秦汉时期开始，到南北朝时期结束，这一阶段民间手工业发展极为缓慢，由于政局不稳定，民间手工业生产受到严重影响，处于"毁灭性打击——逐渐恢复——毁灭性破坏"的恶性发展中，而且由于自给自足自然经济制度的存在，社会交换和货币流通被停止，使用价值是生产的主要目标，这使民间手工业一度陷入衰败发展困境。第二阶段则是进入隋唐时期以后，封建社会生产力的快速发展推动行会等工商组织发展，并在手工业中形成行会学徒制。

1. 官府学徒制：有法可依

虽然封建社会中的官府手工业仍然由"工师"负责"工徒"培养训练，但与奴隶社会的学徒制相比，更加注重"法度"，秦代制定的《司空》《均工》《工人程》《工律》等，皆为封建社会中关于学徒制的法规。《均工》明确规定，工师作为官府手工业作坊管理者，承担着新工匠的培养训练责任，"工师善教之，故工一岁而成，新工二岁而成。能先期成学者谒上，上且有以赏之。盈期不成学者，籍书而上内史"[①]。换言之，政府规定，如果有基础的徒弟能够在一年之内学成毕业、没有基础的徒弟能够在两年之内学成毕业或提前结业，则给予工师奖励；如果逾期未能学成毕业，则给予工师惩罚。

官府手工业在隋唐时期已经形成系统艺徒培养、训练、教育制度。为确保手工艺品的质量和工徒的技艺水平，官府对手工业体系建立了较为严密的执行规范制度，不仅对培训期限进行了明确规定，而且对惩罚奖励监管制度也进行了修订与完善，从而使学徒制中师徒关系之间具有十分严格的责任连带关系，要求由学徒制作的手工艺品必须标注师父的姓名，如果徒弟在规定的时间内不能完成技能学习并生产出合格的手工艺品，则师父和徒弟都要受到惩罚。甄官负责营造计划的具体实施，并对砖瓦、瓶器制定严格详细的标准——"程准"，"程准"为师父传授徒弟技能提供了标准，如果徒弟掌握了"程准"，则意味着其掌握了技艺。宋代社会对师徒"法式"

---

① 米靖：《中国职业教育史研究》，上海教育出版社，2009，第16页。

十分注重，明确规定手工艺品生产的技术要求，《熙宁法式》《营造法式》等都明确要求师徒之间的技艺传授必须根据"法式"开展，而且考核也应以此为准。

2. 民间学徒制：行会师徒

民间手工业虽然在奴隶社会后期就已经走出了家庭，但纵观其在封建社会的发展历程，可以发现其发展非常缓慢，"家传世学"的技艺传授方式在隋唐时期被行会民间组织的技艺传授方式所取代。清代顺治年间，真正意义上的行会制度确立，该制度与学徒制紧密结合，要求学徒只有具备严格的学徒经历以后，才有资格在行业中进行生产经营。行会的发展推动了行会学徒制的发展，这一阶段民间学徒制广泛存在于手工业、工商业之中。行会学徒制的存在与发展，突破了社会习惯法中严格师徒关系的约束传统，师徒关系从拜师开始到技艺传授，再到徒弟出师和自立门户，行会都给出了严格的规定。

首先，确定师徒关系必须要有中间人见证，并在介绍人的见证下签订师徒契约。投师学艺契约重点规定两条：第一，徒弟拜师之前要缴纳一笔为数不少的俸钱，有的行业规定"进师之口，应上钱一串五百文入帮，即交值年收管存公，倘有不尊者罚戏一台敬神"，也有的行业规定"铺家新带门徒，无论子侄，捐钱二千文敬神，三年期满，再捐钱二千四百文，方准帮请，违者公逐"[1]，学徒在学艺过程中如果中途退学，则所缴纳的俸钱不退还，此外，对学徒年限、学艺纪律、义务责任等也有明确规定。第二，规定了寒暑星灾，各安天命，也就是说如果徒弟在学徒期间身体上出现问题，则与师父是没有关系的，"徒弟距其家近，暇时可归省父兄，亦可不时照料，

---

① 彭泽益：《中国工商行会史料集》，中华书局出版社，1995，第 323 页。

遇有死亡及失踪时，本号不负责任。至徒弟自远方来学，父兄离隔，不及照料，若遇病残或死于非命，或被人诱逃之类，虽变出意外，本号不负责任"。由此可知，投师学艺契约对徒弟在学徒期间的生命安全进行了明确规定。

此外，徒弟在出师入行以后，也应遵守相关规定，如光绪年间规定省城竹木裁三行行规如下："窃我等客帮，竹木裁三行合一，历有多年旧章，惟冀各精其艺。官轿执事等前人自创条规，享告立案，咸知遵守。兹因行杂，更于其中分别立规，重加厘订，凡我同人，毋得异议，稗永垂久远，是幸"。也就是说，祖师生日需同祝，师父三年之内只能带一位徒弟，在徒弟学成出师以后才可以再带徒弟。通过一对一、点对点的学徒制度，确保技艺传授的有效性，这有利于整个行会师徒数量的均衡，能够避免出现徒弟过多、"饿死"师傅的问题。

3. 封建社会学徒制的主要特征

（1）师徒关系显性契约化

虽然奴隶社会中的隐性师徒关系有利于技艺传授，但是却存在权责不明、传承低效等问题，而封建社会的学徒制，无论是官府的"法式"，还是民间的行会师徒，都强调制度规则约束。官府"法式"强调师父在传授徒弟技艺时不能根据以往经验，必须依据一定的客观标准对其技艺习得程度加以考核和监督；民间行会对学徒制中的师徒关系加以明确，特别是明确了徒弟的义务与责任，使师徒之间以"法式"契约为基础，以技艺传授为核心，彼此承担责任，义务与责任的关系显性化，师徒关系更加明朗。

（2）宗法伦理性取代家族血缘关系

民间行会学徒制的出现，比奴隶社会中的师徒关系更加规范，但总体来看仍然是宗法性高于规范性。徒弟拜师以后，与师父同吃、同住、同工作，不仅要学习技艺，而且要照顾师父家庭生活，徒弟如家佣，在三年的学徒时间里，徒弟是没有工资收入的，只能定期获得一些用于剃头、洗澡的"月规"，而这些并非严格意义上的劳动报酬。对于师父而言，不仅要传授徒弟技艺，还要负责学徒吃住，规范其言行，部分充当父亲角色，其在师徒关系中占据绝对主导地位。虽然徒弟承担着各种不平等的责任与义务，但学徒关系的存续仍取决于师父的意愿，从而使师徒关系带有很强的宗法伦理性。

总之，我国古代学徒制的形成受到多种社会因素的影响。第一，在精神层面上，古代学徒制以儒家三纲五常为指导，这不仅是对政权统治秩序的维护，也是对社会运行秩序的维护。第二，在现实层面上，学徒制的存在一方面可以使来自贫困家庭的学徒通过拜师学艺获得当下基本生存保障，为未来发展谋取技能，另一方面可以使师父以最小的成本获取一个劳动力。鸦片战争以后，随着中国封建制度的衰落和资本主义经济的入侵，古代师徒制进入一个新的发展阶段。

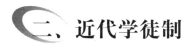 二、近代学徒制

我国古代学徒制是建立在儒家宗法仁礼思想和传统小农经济基础上的，随着帝国主义列强通过鸦片战争敲开了封建中国的大门，中国开始从封建社会向半殖民地半封建社会过渡，中国社会在政治、经济、文化、思想等诸多方面发生了改变。伴随着现代工业的发展，民间和官府手工业面临着更为先进的生产力和生产方式的强烈冲击。在洋务运动中，工艺局的官办师徒职业培训开始出现，带动了民间学徒制的转型。封建社会的等级思想在西方社会平等自由理念的冲击下逐渐瓦解，学徒对古代学徒制中的宗法伦理性压制制度进

行反抗，逐渐形成国民政府学徒工技能培训政策等。总之，以鸦片战争为转折点，我国的学徒制经历了一次重建。

（一）近代学徒制建立的社会背景

1. 传统官府手工业师徒制面临发展困境

在清政府正式废除官府匠籍制度之前，世袭家传是手工业技能传授的主要方式。"士之子恒为士，工之子恒为工"，是当时封闭型师徒关系和技能传授的重要体现。匠籍制度的实施，有效维护了工匠的家族地位和技能传承。

国家权力是匠籍制度存在的前提。匠籍制度的实施不仅使政府获得了稳定的手工业劳动力，而且对手工艺的传播范围、传播方式乃至古代社会技能传授均产生了很大的影响。随着资本主义生产方式在晚清社会的进一步渗透与发展，匠籍制度下的父子相传式师徒制已经无法与经济生产需求相匹配。特别是在第二次鸦片战争以后，物美价廉的西方外来产品对官府手工业生产产生了直接冲击，"纺纱之业，风流云散，至觅一纺纱器具而不可得"[①]，社会其他行业同样如此。在新生产技术的强烈冲击中，官府手工业的传统技能及传承方式都受到影响，依托于传统官府手工业的工徒、工匠都沦为失业者，民间手工业也面临着同样的问题。贫困失业者导致了社会动荡，政府不得不改变传统官府手工业中的技能传授弊端，设立了工艺局，专门对新技能传授开展培训，增加就业机会，工艺局成为新技能传授的重要载体。

---

① 严中平：《中国棉纺织史稿》，商务印书馆，2011，第 79-88 页。

2. 工艺局中的学徒制改革

第一，建立开放式学徒制。开放式学徒制是工艺局技能传授的主要方式。社会公开招募是工匠的主要来源。根据工匠的技能水平不同，把工匠进一步划分为师父与徒弟。在工匠招募中，会详细规定招募条件和要求，如思想品行必须端正，"工师以技艺熟谙、品行端正、情殷传授者为合格"，在年龄和家世方面要求"以十六以上，二十二岁以下者，且身家清白"[①]，在身体素质方面要求"体质强壮，毫无疾病者，能稍识"。开放式学徒制确立了严格的学徒等级晋升要求和条件，并将其制度化。工徒、工匠、匠目、工师和艺士，是工艺局划分的五个不同等级的学徒序列，任何一个等级的晋升都必须经过严格考核才予以提升。艺士是给带徒有功的师父的一种奖励性官职，可以激发师父主动带徒弟、带好徒弟的积极性。师徒在此过程中可以相互促进与成长，师父自身的责任感能够得以增强，徒弟的技能水平也能进一步提升。

第二，重建学徒技能传授的内容和方式。经受了传统行业破产，晚清政府更加重视近代学徒制的建立，并寄希望于新的学徒制不仅能提高技能传授效率，而且能够提高本土产品的质量与市场竞争力。在培训内容上，工艺局把机器设备操作技能作为主要内容，新增了窑业、铸造、机械等科目，校企一体技能传授模式开始出现。厂内培训的技能传授方式逐渐取代传统民间手工业和官府手工业技能传授方式，这种方式将理论学习与实践操作相结合，采取半日课堂理论学习、半日厂内手艺学习的技能学习模式。晚清学徒制与现代学徒制已经比较相似，特别是徒弟与师父之间的血缘性、等级性、训练性较之古代社会都大大降低，这种学校

[①] 王星：《技能形成的社会建构》，社会科学文献出版社，2014，第97页。

性质的教学方式对近代工业化转型与发展起到了很大的推动作用。然而，随着社会政局的动荡，社会失业者越来越多，工艺局也无法承担日益增加的培训成本，在此背景下，工厂学徒制开始向雇佣制转变。

（二）近代学徒制的特点

近代学徒制呈现宗法性与雇佣性并存的特点。

1. 传统宗法性学徒关系依然存在

民间行会学徒制在鸦片战争的冲击和匠籍制度的重建过程中，面临着各种发展危机，但在晚清政府开展的洋务运动中又重新发展起来。民间行会学徒制依然表现出其强大的生命力，拜师礼广泛存在于民间行会学徒制中，择吉日，徒弟在中间人的引荐下携带礼品拜师学艺，签署"官书"，师徒和中间人都签字确认。为了对生产技术进行保护和垄断，师父收徒也和古代学徒制一样，具有很强的地缘性特点，如果不是本帮和本地的子弟，则一律不收。在近代学徒制中，学徒在学徒期间可以获得一定的劳动报酬，只是以无技能工人的标准获得最低工资，或者由师父提供食宿抵资，或者是以奖金性质的过节红包等方式进行最低工资发放。最低工资的出现说明近代学徒制中的师徒关系已经存在雇佣关系，行拜师礼是古代学徒制中的宗法性延续。

2. 师徒关系即为雇佣关系

在民国初期，资本主义生产方式在生产中的渗透与发展推动了大量工厂的出现，大量先进生产工具的应用有力地推动了中国的工业化进程，也催生了工人阶级，学徒是近代工人阶级的主要组成部分。例如，1924 年，在北京 13 家织布工厂雇用的 1001 名劳工中，有 46.5%的人员为学徒工。在 3 家雇佣工人达到 100 人以上的工厂中，39.1%的雇佣工人为学徒工，在 10 家雇佣工人在 100 人以下的工厂中，51.8%的雇佣工人为学徒工。虽然学徒工在雇佣工人中所占比重较高，但是其工资待遇却很低，食宿相抵是大部分学徒工资结算的方式。由于大多数学徒都来自社会底层和贫困地区，所以工厂即使只支付他们较低的工资，仍然有大量学徒涌入。大量廉价学徒的存在使工厂具有充足的廉价劳动力，然而，在这种近代雇佣性质的资本主义生产方式下，学徒难以学习到高技能。与此同时，在以手工工具为生产方式的工厂中，还普遍存在着近代学徒制中的宗法性。因此，近代学徒制中宗法性与雇佣性的存在，导致其学徒关系向雇佣关系异化。

（三）近代学徒制的弊端

1. 学徒制中的技能培训功能被淡化

近代学徒制中存在的雇佣关系，虽然满足了工厂主对廉价劳动力的需求，却导致学徒制中的技能培训功能被淡化、雇佣关系被强化。一方面，师父作为技艺传授主体，其职能发生转变。在近代学徒制中，师父主要是工厂主，他们按照规定收徒以后，并不对徒弟技能培训结果直接负责，而是为了获取廉价学徒劳动力才收取徒弟。工厂中的学徒工和进行技能培训的技术工人数量之间也发生了严重失衡，为了尽快传授技艺、培养熟练的劳动力，一名技术工人可以对多名徒弟进行技艺传授，这导致技艺传授质量下降。另一方面，学徒培训时间大大缩短，但是其工厂劳动时间却大大增加。在古代学徒制中，三年是基本学徒期限。学徒在学徒的第一年，不允许学习技能，主要从事杂役，只有完成后两年的学艺，掌握技能以后，才能从事手工劳动。早期行会中存在的杂役劳动，主要是为了树立师父权威，但在近代学徒制中，学徒不仅要负责师父家的家务劳动，还要从事工厂劳动，直接参与劳动生产。在近代学徒制中，师父不直接传授徒弟技艺，而徒弟承担劳动的时间却在增加。特别是随着技术分工的细化和生产规模的扩大，完整的生产过程已经不再需要全能型工人，而更多需要对某个生产工艺流程熟悉的工人，学徒在后两年的技艺学习过程中，已无法学习到生产过程中的所有技能。因为不需要掌握全部生产工艺，故学艺时间会大大缩减，但师父仍会沿用传统行会学徒制中的三年学徒期限要求，剩下的学艺时间就被工厂劳动所占用。据调查，43%的技术工人每天劳动时间为 12 个小时，但学徒的劳动时间更长，41%的学徒劳动时间在 14 个小时左右。以上海市机器修造业为例，学徒工的劳动时间甚至长达 18～19 个小时。超长的工厂劳动时间占用了学徒的技艺学习和培训时间，而且高强度的工厂劳动也使学徒无法腾出更多时间和精力投入技艺学习和培训中，因此，学徒逐渐沦为工厂的廉价劳动力。

2. 雇佣关系异化下的廉价劳动力

在近代学徒制建立过程中，工厂主沿用传统宗法伦理思想和传统民间行会方式进行学徒的招募和管理，更加强调对徒弟思想的控制，在收徒的时候举办隆重的拜师仪式，学徒在家长的带领下先拜财神和祖师爷，后拜师父。学徒在培训期间，不得中途退出，否则将受到严惩。近代学徒制实施严格的推荐人制度，徒弟必须经推荐人推荐才能签订契约，契约对师徒责任和义务进行了严格的规定，以此对徒弟行为进行控制，降低雇佣风险。近代学徒制仍然沿用旧规，对学徒时间和学艺效果缺乏约束。

在宗法伦理保护下，师父对徒弟进行劳动压榨。虽然也存在学徒学费减免、以物抵资、工资制等，但是总体来看，学徒获取的报酬与其付出的劳动并不匹配。在近代学徒制中，徒弟只是师父获取高利润的一个普通劳动力，资本主义剥削关系出现，徒弟只能在恶劣的劳动环境中从事超长时间的体力劳动，但是其劳动收入十分廉价，人权被侵犯，自由平等思想严重缺失。有的工厂主甚至采取满则散的管理方式，在学徒即将学徒期满成为技师领取正式工资的时候，强令徒弟出师辞职或予以解雇，重新雇佣新学徒从事杂役劳动和生产。师父之所以能够放弃大批即将成为技师的学徒，主要是由于近代机器工业生产对于技术工人的依赖性大大降低，而且学徒供给十分丰富。技艺传授是师徒关系的核心，满则散的雇佣策略导致工厂工人技能水平下降，产品质量无法提高。从长远发展的角度来看，雇佣关系的学徒制对近代中国经济发展产生了一定的阻碍作用。

（四）近代学徒制的解体

1. 传统学徒关系的破裂

虽然西方资本主义国家先进的生产力推动了近代学徒制的建立，但伴随着西方自由、平等和民主思想的输入，宗法伦理思想受到很大冲击，社会各界对于学徒制中徒弟的生活状况、生产状况、学习情况等更加关注，学徒对于自身的权益问题也开始反思。传统行会义务与权利不平等的分配矛盾逐渐转变为以工资为衡量标准的雇佣关系矛盾，学徒对师父的雇佣剥削开始反抗。从 1924 年到 1926 年，雇佣矛盾冲突事件逐年上升，波及 881 289 名学徒和 11 698 家工厂。在 1928 年出现的 118 起师徒劳资纠纷中，涉及厂家 5 433 家，有 204 563 名学徒涉及其中①。组建团体组织和开展公开性罢工是学徒反抗师父雇佣剥削的主要手段，从 1898 年到 1899 年，出现了 10 起学徒罢工事件；从 1904 年到 1906 年，出现了 15 起罢工事件；从 1909 年到 1911 年，更是出现了 34 起学徒罢工事件②。与反抗帝国主义入侵的学徒罢工事件相比，由师徒之间雇佣剥削关系引发的内部劳资矛盾罢工事件占据主要部分。

学徒罢工事件层出不穷，表明近代学徒制中的宗法伦理性已经逐步趋于瓦解，在经济利益的驱动下，近代学徒制中的师徒关系已经严重解体。学徒制对于徒弟来说，原本只是其获取生存技能的一种教育制度，而在师父或者资本家看来，则是获取廉价劳动力的一种途径。在近代学徒制这种畸形师徒关系中，双方情感因素已经淡化，师父对于徒弟的义务感和责任感都严重降低，严重的权责失衡必然导致双方产生矛盾和冲突。但是，由于师徒之间力量的严重不对等，由学徒发起的各种罢工抗争并没有取得预期效果。学徒依靠自身单薄的力量，无法改变自己沦为廉价劳动力的境况，随着近代学徒制从传统宗法伦理性向雇佣剥削性转变，必然要求有新的第三方力量介入近代学徒制中。

2. 新型学徒关系逐步建立

随着学徒恶劣的学习条件、生活环境及无法保障的人身权利等问题受到社会公众的广泛关注，对近代学徒制加以改革的声音从行业内部的争论上升为社会公众议题，各界工商行会纷纷提议拿出改进学徒制的议案，国家开始对学徒制进行干预，民间也出现了关于学徒培养的各种议案。

---

① 王星：《技能形成的社会建构》，社会科学文献出版社，2014，第 116 页。
② 孙本文：《现代中国社会问题》，商务印书馆，1912，第 159 页。

随后国家颁布了关于学徒制的相关法律法规，全国工商会议在1914年提出的《商人通例》议案和南京国民政府在1929年出台的《工厂法》中，对学徒技能培训的义务与责任、培训内容与时间等都做了详细规定。在培训内容上，《商人通例》对企业应该承担的学徒技能培训的义务与责任进行了明确规定，要求不受行业限制开展技能培训。《工厂法》规定学徒技能培训内容分为普通知识学习和专业技能培训两部分，并且明确规定以普通知识学习为辅、以专业技能培训为主；对学徒学习时间没有强制性要求，但要求学徒在与工厂签订劳动契约之前，其实习期不得超过三个月；要求每周为学徒工提供不低于十个小时的教育学习时间；同时对双方劳动契约终止条件进行了严格规定，认为学徒工只有在多次违反工厂劳动规则、无故旷工三日以上、一个月内无故旷工六日以上或者出现盗窃行为时，工厂才可以与学徒工解除劳动契约关系。

虽然国家法律法规对近代学徒制中的师徒权责进行了详细规定，维护了学徒权益，稳定了劳资关系，但是在实施过程中却面临着诸多问题：一方面，双方传统契约形式仍然存在，劳动合同签订工作实施不到位。在《工厂法》中，对学徒和工厂之间的关系有明确界定，要求双方必须签订劳动合同，但是在实际执行过程中，依然存在沿用双方师徒契约，甚至只有口头协议的情况。有的工厂虽然与学徒签订了劳动合同，但是对工厂而言却属于无责条款，无法真正维护与保障学徒的权益。另一方面，学徒在工厂劳动工人中的人数比例依然较高，虽然当时政府为了控制学徒在廉价劳动力中的占比，并希望不断提高劳动技能培训质量，对学徒数量有严格限制，但是学徒数仍然无法得到有效控制，行业亟须整顿。

近代学徒制的改善虽然遇到了一些问题，但效果还是比较明显的。国家通过立法的方式强制开展学徒教育并对学徒权益加以维护，从根本上保障了学徒的合法劳动权益及技能习得质量，有效地提高了学徒在工厂劳动中的地位。在行业自治和国家干预下，国家还颁布了相关的法律法规，将制度内容进一步细化，颁布了一系列保障措施，确保实现学徒制调整和干预的预期效果。

三、现代学徒制

学徒制的发展推动了我国传统手工技艺的传承和发扬。在现代学校职业教育快速发展时期，学徒制经过创新发展，以一种全新的模式引起教育界的关注，并且与学校职业教育相结合，成为技术技能型人才培养的重要途径。在现代职业教育体系中，现代学徒制展现出一些新的特征。

（一）校企合作孕育现代学徒制

2014 年 2 月，李克强总理在国务院常务会议中对加快现代职业教育发展提出了要求，明确提出通过校企联合招生方式，联合开展现代学徒制试点工作。2014 年 5 月，国务院正式颁布了《关于加快发展现代职业教育的决定》，提出推进人才培养模式创新，并把现代学徒制纳入其中，这标志着现代学徒制被提升到国家发展战略高度。2015 年 8 月，教育部实施了首批现代学徒制试点工作，并选取 165家单位作为试点单位。2018 年 2 月，教育部等六部委颁布了《职业学校校企合作促进办法》，对学徒制在校企合作中的重要作用和实施路径提出了明确要求。

在校企合作、产教融合、师徒交往中，现代学徒制无疑发挥了十分重要的作用。在现代学徒制中，徒弟是来自学校的学生，师父是来自企业的技术骨干人员，师徒双方都具有双重身份。在校企合作背景下，师徒双方根据校企合作协议确定学徒、企业、学校、监护人合作内容，以协议或契约的方式明确师徒双方的权利和义务。

（二）现代学徒制具有鲜明的时代特征

学徒制经历了从奴隶社会中的血缘亲属性和注重隐形师徒权责，到封建社会中注重宗法伦理性和行会学徒制，发展到近代学徒制中的显性法规约束关系，每一阶段都具有不同的时代特征。现代学徒制是从校企合作和产教融合中孕育出来的，也具有鲜明的时代特征，主要表现在以下几个方面。

1. 技能传授更加注重现代化

首先，现代学徒制的技能传授方式现代化。现代学徒制的技能传授过程更具有针对性，效率更高。相较于传统学徒制中的技能传授方式，现代职业教育中的学徒制将工作过程划分为不同的模块开展技能教学，即师父是根据分割的独立模块开展技能教学的，而在传统学徒制中，徒弟需要整体开展技能学习，即需要对整个流程进行反复训练，只有把所有流程全部学会并达到熟能生巧的程度，才能出师自立门户。其次，现代学徒制的学习内容现代化。相较于传统学徒制，现代职业教育中的学徒制在课程内容设置上以工作中的具体岗位职责为依据，这可以有效提高专业技能培训和课程内容传授的针对性，提升现代学徒制技能培训的效果。在现代学徒制中，采用模块化教学的技能传授方式，大大缩短了学徒的学习周期，而在传统学徒制中，每个师父在一定时期内只能带一名徒弟，徒弟的学习周期一般都在三年以上，虽然较长的学徒时间可以保证技能传授的质量，但也不可避免地造成技能培训效率低的问题，与现代工业生产需求无法有效匹配。

2. 师徒关系更加注重教育性

师徒关系是古代学徒制和近代学徒制最重要的特征之一，这种相对稳定的父子式师徒关系在某种程度上确保了生产技能的代代相传。在封建社会民间行会学徒制中存在的师徒关系，也是为了对行业生产数量和质量进行严格控制。近代学徒制中的"雇主与工人"的师徒关系，则凸显出雇佣特征和关系。因此，传统学徒制都是围绕技艺传授和生产功能开展的，并没有把学徒制的核心功能——技能学习置于重要位置。

在现代学徒制建立和发展过程中，职业院校学生是学徒的主要来源，培养技术技能型专业人才是建立现代学徒制的主要目标，所以教育性在现代学徒制中的作用和功能非常明显。现代学徒制是自上而下实施的国家教育战略，国家推进现代学徒制基于对师傅带徒弟这种教育方式的认可，因此现代学徒制中的师徒关系更加注重教育性，为了企业的长远发展和技术技能型人才培养需要，企业和国家大力推进职业教育发展，共同实施现代学徒制。

3. 师徒权责更加显性化

在现代职业教育发展过程中，国家教育部门对现代学徒制十分重视，赋予现代学徒制更多的责任与更高的目标。奴隶社会的学徒制基本上以隐性权责为基本特征，缺乏对权责的明确规定；封建社会学徒制中的师徒关系更多采取行规方式确定，国家并未出台法律制度加以干预，直到近代《工厂法》的出现，才对学徒制中的师徒权责加以明确，但却只是昙花一现。

从西方国家学徒制的建立和发展历程来看，国家必须出台相应的法律法规，对学徒制中的师徒权责进行约束，才能建立健康、可持续发展的现代学徒制。例如，德国的现代学徒制实行双元制，各州出台了专门的双元制学校法，如《职业教育法》《青年劳动保护法》《手工业条例》《劳动促进法》《职业教育促进法》等，对学徒制加以规范。其中《手工业条例》对职业教育和现代学徒制提出了全面要求，规定了学徒制的考核要求与办法；《青年劳动保护法》对现代学徒制中的徒弟职责加以明确，要求徒弟必须在规定的时间内完成训练并获得技能，才能获取学徒报酬；《职业教育法》同样对学徒制各个方面的内容进行了详细规定，重点对学徒与师父的义务与权利进行了阐述，如要求学徒必须通过职业教育获取必需的职业技能，要爱护工具和机器等生产设备，要保守业务秘密和企业机密，要听从师父的指示；要求师父必须承担现代学徒制中的责任等。此外，西方国家在推进现代学徒制时，企业也会制定详细的规定，对师徒权责加以明确，这直接体现了现代职业教育背景下师徒关系的显性权责特征。

四、学徒制发展逻辑

（一）技术生存促进学徒制发展

在原始社会，由于生产形态低下，狩猎和采集是主要的生产方式，剩余生产资料极少，阶级分化无从谈起，远古时期的技艺作为人们在社会生产中不可缺少的谋生技能，通过技艺传承为生存提供基本保障。因此，在物质匮乏的远古时期，技艺发挥着重要的谋生作用。传统学徒制起源于技术生存，与当时的自然教育模式相匹配，技艺传授方式主要以产教合一、子承父业为主。

1. 产教合一技艺传授方式

在远古时期，社会生产力极其低下，人们只能依靠群体力量抵御自然灾害，获取基本生存资源。面对极低的生产力，原始人群开展自给自足的生产实践活动，将生产活动与教育活动融为一体，形成自然主义教育模式和自然主义文化模式，他们相互传授耕作、狩猎和采集等基本生存技能，共同获取躲避危险、保障生存的基本生活技能。进入石器时代以后，人类有意识地制造与使用工具，逐渐出现了因为年龄、性别和地域等不同而产生的社会分工，居草原为牧民、近水者为渔夫、靠山者为猎人，驯服牛马拉车，饲养猪牛羊鸡为肉食，人类在不同的社会分工中掌握了不同的生存技能。

在原始社会，人类充当了经验传承的角色，他们把具体的生存技能传授给下一代，使后人可以不断地学习前人的优良传统，进而促进人类社会的维系与发展。原始社会中的技艺传授，源于原始人类对于群体社会生活的适应和群体生产实践活动的需要，学徒制中的教学与生产高度合一，形成产教合一技艺传授的典型特征。年长者作为师父，把生存技艺传授给年轻一代，就是在向其传授生产与生活的相关知识和经验，以及生存技艺中所蕴含的态度、规范、价值等，帮助年轻一代快速适应社会，引导他们身心健康地发展。因此，从文化传播的角度来看，原始社会学徒制有利于文化的传承与发展。

2. 子承父业技艺传授方式

随着人类社会的进一步发展，尤其是私有制的产生，原始人类社会中产教合一的技艺传授方式已经无法满足社会发展的要求，自然分工和自然文化主义已被打破，掌握与垄断生产技艺的手工业者在生产中的价值被充分发挥，奠定了他们的社会地位，从而使其掌握的生产技艺成为私有财产，并可通过家传世学、子承父业的方式进行传授，技艺传授以"箕裘相继"的方式进行延续。

许多典籍中都有关于子承父业技艺传授的记载，《考工记》中明确记载，"巧者述之守之"，即家族成员对于某一技艺传承要专心，不得见物思迁。只有这样，才能达到较高的技艺传承高度[①]。原始社会中的学徒制是一种技艺传承的方式，是我国古代传统文化自上而下的纵向传播模式，它完整地保留了手工业生产技艺传承历史，经由家族成员代代相传，使手工技艺得以传承与发展。子承父业是我国古代学徒制发展的雏形，帮助人们从自然主义生存技艺状态发展到技术技艺生存状态，手工技艺的价值在推崇技术生存的社会环境中得以充分体现。

（二）社会分工推动学徒制形成

人类在生产和生活中积累经验、获取技能以后，通过教育的方式进行传播，从而确保人类历史的延续和科技的进步。子承父业技艺传授方式的出现，促进了技艺的积淀与传承，推动了人类社会的发展，尤其在社会分工背景下，推动了学徒制的进一步发展。我国古代学徒制经历了四民分业和师徒授受两个发展阶段。

1. 四民分业

原始社会的自然分工提高了人们劳动的熟练程度，既使劳动生产力得以合理利用，也使劳动生产知识与技能能够不断积累。原始社会的手工技艺传授是发生在代际之间的生产与生活经验的传授。随着社会生产力的提高，各类新生产工具被广泛应用，促使手工业

---

① 金耀基：《从传统到现代》，法律出版社，2010，第134页。

从农业生产中分离出来，并产生了交换商业，大量剩余劳动产品开始出现，推动了社会分工的形成。在一定的历史发展阶段，社会分工是社会发展的必然产物。社会分工是学徒制产生的基础，它使劳动力根据不同部门的各种劳动工序进行配置和分工协作，社会分工大大提高了劳动生产率，缩短了社会平均劳动时间。

手工生产技艺的进步促进了劳动生产力的发展，也推动了社会分工的出现，农业、商业和手工业随之出现。其中手工业是仅次于农业的一个重要生产部门，在当时占据了主流社会地位，包含官府手工业和民间手工业，不仅出现了制玉、酿酒、制陶、冶金、纺织、漆木业等不同分支，也出现了大量生产某种专门产品的手工作坊，形成了"业分而专，方可成治"的局面。《管子·小匡》提及"士农工商四民者，国之石民也，不可使杂处"，也就是说士农工商这四种不同职业的人群，不能使他们相互定居，必须要根据职业的不同进行分业定居，对其实施专业管理，同时要求其子孙后代不能随意改变自己的职业，要代代相传手工技艺，世代传习生产技能，人人安分守业。可见，技术进步推动了社会分工，社会分工推动了生产技艺的发展，各个行业的手工技艺得以稳定发展，为我国古代学徒制的发展奠定了基础。

2. 师徒授受

社会分工推动了四民分业，而四民分业则使从事不同领域生产的手工业者集群而居、集群而作，可以说，社会分工的出现在客观上推动了手工业的长足进步。原有的家传世学技艺传授模式已经很难适应社会分工的发展需求，职业教育不能仅限于有血缘关系人员之间的内部传授，必须摆脱家传世学技艺传授模式，因而出现了学徒制的师徒授受模式。

在古代学徒制的师徒授受阶段，存在着民间学徒制和官府学徒制两种不同的方式。其中，民间学徒制主要针对医学和纺织领域，由于师父身怀绝技，所以在学徒物色上十分谨慎，师徒之间的关系本质上还是一种"父子关系"，师徒关系主要通过徒弟的保护人与师父签订契约确定，而且学徒大多以养子的方式拜师学艺。从徒弟的角度来看，拜师学艺可以获得谋生的本领，能够借此在社会上立足；从师父的角度来看，通过招收徒弟可以传承衣钵、发扬技艺。在古代学徒制中，师徒之间通过契约的方式维系情感。此外，在奴隶社会中遗留的一部分散落民间的艺人，通过收徒授艺的方式，把官方手工技艺带到民间，组织学派著书立说，开设私学、传授徒弟，也在一定程度上促进了手工技艺的发展和传授。与家传世学技艺传授模式不同，在师徒授受的技艺传授模式中，师父会有所保留，这是其局限性所在，但总体而言，师徒授受的技艺传授模式仍然促进了手工技艺的传承和发展，民间学徒制在社会上备受欢迎。《考工记》中记载了鲁班和扁鹊等许多能工巧匠都是通过师徒授受的方式培养起来的。官府手工业起源于私有制，奴隶主把大批掌握手工技艺的能工巧匠招揽在官府手工业作坊中，冠以"工师"之名而广招学徒，并采取严格的管理规范，形成未完全制度化的初期学徒制形态。

（三）技艺专有化促进学徒制成熟

社会分工的出现推动了官府学徒制和民间学徒制的产生，但并未形成真正制度化的学徒制模式。随着社会生产力的进一步提升，手工技艺的学习与传授更加专业化，我国古代学徒制不断成熟并渗透到各个行业。手工技艺作为推动社会前进的重要动力，开始呈现专有化发展趋势，进而推动产生了保护手工业者利益的行会，我国古代学徒制进入制度化发展时期。

1. 民间行会培养学徒制

随着社会分工的不断扩大，古代学徒制开始向各行各业渗透，技艺专有化成为行业发展的重要特征。随着手工业从业人员的不断壮大，迫切需要行业组织团结和领导行业从业人员，于是行会作为行业保护组织应运而生，行会学徒制也随之出现。

在我国古代社会，工商业是社会最重要的行业，"工"与"商"相互依存。行会最早在唐代出现，直到近代仍然存在。行会名称因业而异、因地而异，其称谓包括会馆、公所、行、党、堂、帮等，在民间手工业中，更是广泛存在着行会组织，其作用主要是防止技艺垄断和恶性竞争。行会出台了一系列对行业从业人员的刚性规范——行规，推动了行会学徒制向制度化方向发展。行会学徒制对于徒弟拜师、学艺、出师、从业等都进行了一系列的规定，确保行会学徒制的稳定发展，如要求竹工学徒必须学艺满三年方可出师。行会学徒制保障了行业的有序发展，通过对技艺习得各个方面加以规范，确保行会目标的实现。在明清时期，行会对学徒的规范和要求更为严格，体现了行会在学徒制中的地位，所有手工业从业人员都必须在行会制度的约束下规范行事，促进形成行业中的和谐关系。至清代，行会学徒制发展到顶峰状态，在管理内容上囊括了市场、价格、质量、原料、规格、式样等方方面面，在拜师带徒方面形成了罚则与执行规定。各行各业依托本行业的技艺，招收学徒自立门派，推动了我国古代行会组织的发展。

2. 官府法式训练学徒制

在行会学徒制快速发展的同时，官府学徒制在宋元时期也得到空前发展，形成了一套庞大复杂的官府学徒制度体系。官府学徒制在唐代就已经在全国范围内铺开，中央设立了少府监和将作监等官府学徒管理机构，至宋代则在全国形成了强大的网状学徒制度体系，包括院、司、务、所、场、坊等，其中宋代文思院是最大的官府手工业生产机构。在地方上也存在着大量官府手工业作坊，如诸道都作院负责制造兵器、铸钱监负责铜冶炼、蜀锦院负责丝绸锦缎制造等。在官府手工业作坊中形成了完备的艺徒训练制度和要求，也培养出大批工匠，还编纂了《天工开物》《园治》《镜史》等大量技艺典籍。至元代以后，官府手工业系统更加完备，中央设立工部、将作院、大都留守司、武备司等管理部门，地方也设立了相应的手工业管理部门，机构庞大、种类繁多，在官府手工业作坊中从业的工匠总数达到百万，专业化水平极高。

官府学徒制和民间学徒制有很大区别，特别是官府学徒制中的艺徒训练要求更加复杂与规范，设有专门负责学徒训练和考核的"工师"，"论百工，审时事，辨功苦，尚完利，便备用，使雕琢文采不敢专造于家，工师之事也。"①官府手工业作坊对工师的艺徒训练、技艺培训制定了详细的规范和标准，称为法度，即法式训练。法度不仅包括基本技术知识、操作要领，而且包含严格的考核标准，其主要目的是使学徒制人才培养走向标准化。官府学徒制中的法式规范对于技艺传承具有十分重要的作用，保障了学徒制的发展与进步。

（四）职业教育兴起催生现代学徒制

鸦片战争以后，随着资本主义生产方式的入侵与渗透，民族资本主义得以发展，推动了我国商品经济的发展。行会制度在资本主义生产方式下面临着前所未有的挑战，成为近代工商业发展的阻碍力量，在一定程度上使传统学徒制陷入衰落，在商品经济发展、技

---

① 王翔：《近代中国手工业行会的演变》，《历史研究》1998年第4期。

术革命变革、职业教育兴起的多重因素下，现代学徒制得以产生。

1. 商品经济发展

自鸦片战争以后，中国进入半殖民地半封建社会，经济体系被裹挟到西方资本主义经济体系中，新的经济成分逐渐出现，传统手工业逐渐瓦解。在西方工业生产体系中，技艺主要依托机器生产存在，这在客观上加快了技艺的传承与发展，学徒无须参与生产全过程，只需要掌握某个程序即可，这种快捷的技艺学习方式对传统学徒制中冗长的学徒周期产生了很大的冲击，长时间的学徒期限已经没有必要。商品经济的发展刺激手工业从业人员对利润产生更高的追求，以利益至上为行为准则导致维护传统手工业发展的行会习惯法和官府法式训练学徒制逐渐走向消亡。

2. 技术革命变革

伴随着近代机器大生产的发展，社会生产方式和管理方式等均发生了重大变化，人类社会生产从工具时代进入机器时代，中国传统的行会组织被资本主义国家的商会组织所替代，传统民间学徒制和官府学徒制也失去了其存在的基础。在技术革命浪潮中，工艺手段发生了改变，生产效率获得极大提高，传统学徒制赖以存在的自然经济逐渐瓦解，手工业生产方式逐渐丧失主导地位，机器大生产取代了原有的手工生产。与此同时，工业文明为人类提供了种类繁多的各类商品，丰富了工业时代的物质需求，导致传统学徒制所提供的手工艺品失去了广泛的市场需求，只能成为小众产品，传统手工业者失去其赖以生存的经济保障和社会地位。

3. 职业教育兴起

在机器大生产中，复杂的生产工艺被分解为若干标准化生产工序，掌握生产工序技艺只需要数天训练即可实现，传统长周期的学徒制无法适应规模化的机器生产，其学徒培养模式也随着生产方式的改变而改变。在精细化社会分工和专业化生产操作的推动下，手工业对于熟悉机器操作的技术工人的数量要求更加庞大，对从业人员的素质与技能提出了更高的要求，也把人员教育培训从劳动生产中剥离出来，班级授课方式成为新的学徒训练方式，职业教育在技术技能型人才培养方式上展现出高效灵活的特性，它克服了传统学徒制的诸多缺陷，更好地适应了机器工业的规模化生产要求，在各个实业学校中获得广泛推广。1903 年，晚清政府颁布了《癸卯学制》，明确要求把实业学堂纳入国家教育体系中，并在《奏定实业学堂通则》《奏定初等农、工、商实业学堂章程》等相关教育规章制度中，对职业教育发展提出了明确要求，这标志着我国近代职业教育体系的建立。传统学徒制在近代职业教育体系的发展中逐渐走向衰落，被职业教育这种新式产业工人培养方式所取代，现代学徒制应运而生。随着现代学徒制的兴起，学徒制正实现螺旋式上升的发展，这是历史发展的必然逻辑。

第三章

现代学徒制的内涵与特征

当前，现代学徒制已成为我国职业教育改革的热点之一，受到全社会的广泛关注。越来越多的地区和院校开展现代学徒制试点实践，然而问题频出，这说明我们对现代学徒制的理解还有待明晰和深入。对于职业院校而言，现代学徒制作为一种重要的新型人才培养模式其内涵是什么？具有哪些特征？与校企合作、传统学徒制、订单培养等其他人才培养模式相比有何联系和区别？这些问题都需要在理论层面予以全面厘清。

 一、现代学徒制的内涵

现代学徒制从宏观层面可理解为一种以"校企合作、工学结合"理念为指导的职业教育制度，从中观层面可理解为一种新的人才培养模式，从微观层面可理解为一种具体的校企合作实践形式。本章主要从中观层面阐释其内涵。

所谓"人才培养模式"，是指培养主体为了实现特定的人才培养目标，在一定的教育理念指导和一定的培养制度保障下设计的，由若干要素构成的具有目的性、主体性、合规律性、保障性、开放性、多样性（简称"六性"）等特征的有关人才培养过程的理论模型与操作样式①。归根结底，其关乎人才培养过程的设计和建构，关乎解决"培养什么人"和"怎样培养人"的问题。从人才培养模式的"六性"来看，现代学徒制的目的性在于提高人才培养质量，培养社会所需的高素质技术技能人才。主体性体现在它能激发和调动学校、企业的主观能动性，充分发挥各相关主体的优势和作用。合规律性是指人才培养与个体成长和社会发展要求相适应，实现个体价值与社会价值的统一。现代学徒制将"工作"与"学习"相交替、相融合，通过课程体系的重构、教学模式的更新、教学团队的扩充、实训基地功能的拓展、评价体系的完善等，使职业院校面向社会统筹教育资源，充分体现职业教育的跨界属性，进一步丰富职业教育的内涵。保障性主要体现为制度保障，包括教学、管理、评价及校企合作等相关制度。开放性体现在职业院校的人才培养不是闭门造车，而是在与外界的互动中构建人才培养模式。多样性体现在主体能动性的发挥和自由选择上，即在遵循职业教育规律和特征的基础上，可以自由发展有特色的现代学徒制实践形式。

---

① 董泽芳：《高校人才培养模式的概念界定与要素解析》，《大学教育科学》2012 年第 3 期。

（一）现代学徒制的本质核心

1. 学习与工作的有机耦合

学习与工作的有机耦合包括学习与工作的过程性耦合和学习与工作的目的性耦合两个层面。一是学习与工作的过程性耦合。"学徒"一般指受合同限制，在一定时间周期内，在师傅的管理与教导下学习某种技能或技艺，并获得预定工资的人[①]。可见，学徒的特点在于技能学习与为雇主工作的统一，即学习的过程就是工作的过程，反之，工作的过程也是学习的过程。二是学习与工作的目的性耦合。职业教育以就业为导向，学习的主要目的在于高质量就业，学徒具有"准员工"的身份，当学徒是学习者进入某一职业领域谋求一份稳定工作、获得工资回报和相应社会身份的主要途径与手段，基于此，学习与工作具有一致的目的。

2. 学校与企业的深度合作

现代学徒制针对学校作为单一的教育主体无法满足技术技能人才培养需求的不足，让学校和企业同时成为人才培养的主体，将过往"学校或企业"的单主体教育转变为"学校和企业"的双主体教育，通过校企双方的深度合作，整合两个主体的教育优势，满足职业教育作为独立教育类型的人才培养需求。因此，现代学徒制是职业教育校企合作不断深化的一种新的形式。现代学徒制人才培养主体的复杂性，即学校和企业的性质、需求、行为和利益的不一致性，导致了现代学徒制人才培养的复杂性。这就需要有效整合学校教育

---

① 杨小燕：《现代学徒制的探索与实践》，《职教论坛》2012 年第 9 期。

和工作现场教育两个系统，以顺利实现学生身份、培养目标、学习方式、学习时间及考核方式的转变。

（二）现代学徒制的构成要素

现代学徒制是以校企合作为基础，以学徒培养为核心，以课程为纽带，以学校、企业的深度参与和教师、师傅的深入指导为支撑的人才培养模式[①]。人才培养模式是由人才培养活动的多种静态要素构成的系统，需要运用系统思维，剖析其构成要素[②]。

1. 目标要素

作为一种人才培养模式，首先要明确培养什么人，即解决人才培养目标的问题。现代学徒制是在产业转型升级和职业教育改革的背景下提出的，它暗含了这样一层意蕴：通过现代学徒制培养的人才，是职业学校或企业单方面教育或培训难以达成或难以高质量达成的。这类人才既不是普通的技术工人，也不是学术型人才，而是兼具通识能力和职业素养的专业技术型人才。从学校教育的角度看，学历教育是提高学徒综合素质、实现其职业生涯可持续发展的必由之路；从企业人才资源的角度看，实践经验和能力是胜任工作岗位的基础，而现代学徒制可以在不延长教育时间的前提下实现学历教育任务和企业人力资源需求的双重达标。由此可知，现代学徒制的人才培养目标定位于培养社会经济发展所需的高素质技术技能人才，使他们既能达到对应层次学校教育的学业水平，又能满足对应

---

① 韩喜梅：《我国现代学徒制走学校本位之路的因素探析》，《职业技术教育》2015年第31期。

② 王东梅、王启龙：《现代学徒制人才培养体系：内涵、要素与特征》，《中国职业技术教育》2019年第3期。

职业岗位从业人员的技术技能要求，具备实践操作能力。

2. 内容要素

课程教学是人才培养的实施载体，也是现代学徒制人才培养最重要的内容要素。与传统意义上的学校职业教育课程教学的不同之处在于，基于现代学徒制的课程教学是面向特定职业岗位的，针对性更强。具体而言，非学徒制教育的专业课程所面向的行业、企业和岗位较为宽泛，课程设置的涉及面较广，且以基础性课程为主，理论课和实践课的界限分明。现代学徒制的目标是培养能胜任具体岗位工作的"准员工"学徒，学习的重点不只是系统的理论知识，更强调实践操作技能的掌握。综上，现代学徒制人才培养课程是以相应岗位的工作任务和职业能力为逻辑起点的，对于专业知识的编排，既有深度，又有很强的针对性，同时将理论教学与实践教学充分融合，在真实情境中夯实学生的职业能力。在教学的组织过程中，遵循职业能力构建规律，明确在校学习、在企业见习实习和校企交替联合培养各个阶段的教学内容和形式，充分发挥两大教学主体的优势，实现 1+1>2 的协同效应，构建技能与素养并重、学习过程与职业生涯相融合的课程教学体系。对接相关行业准入资格标准和岗位资格标准，解构课程内容，将"毕业证""职业资格证""准入资格证""企业岗位资格证"相融合，构建"四证合一"的课程体系，打造"公共基础课程+准入资格课程+岗位资格课程"的模块化课程体系。深化校企合作育人机制，改变传统的"先学校育人、后企业实践"的一分为二的模式，采取"校企轮换、工学交替"的教学组织形式，实行"在校基础课程学习—企业学徒见习—在校岗位任职基本技能学习—准入资格培训考核—企业顶岗实习—岗位资格培训考核"分段式交替培养，实现学校课程与企业工作的无缝对接，让学生在夯实专业知识和基本技能的基础上，能长时间接触真实的教学和实践情境，成为实践共同体中的一员。学生在实际工作环境中能深入认识所学专业和未来将从事的职业，对其产生学习的热情，并逐渐建立起认同感和归属感；充分感受师傅和企业员工的工作方式、工作内容、工作态度等，默会技能与素养，并将其转化为自身的行为习惯和职业态度，提前实现从学生身份到员工身份的转变。

3. 条件要素

稳定的校企合作关系和素质优良的师资队伍是现代学徒制人才培养实施的前提条件。过去，学校与企业往往是基于自身利益需求开展合作的，并未实现可持续的深度合作和真正意义上的人才共育。要确保现代学徒制人才培养模式的顺利实施，校企关系不再是纯粹的利益交换或指导与被指导的关系，而是双方经过文化上的交流碰撞所形成的相互影响、共同探索和成长的合作关系。事实上，现代学徒制的实施与校企合作关系的维系是相互促进、相辅相成的。一方面，现代学徒制以自觉约定和制度保障落实双主体的责任，是促进校企文化融合的纽带；另一方面，现代学徒制的持续深入推进必须建立在校企平等共进的氛围之上。师资队伍的建设关系着人才培养的质量，由校企共同锻造一支技术精深、教学能力强、师德高尚的"企业师傅+学校双师教师"的双导师队伍，是现代学徒制人才培养的关键所在。要确保导师在教学过程中一直对学生起到积极的影响，必须高度重视导师队伍的建设。学校应打通双师教师成长通道，建立新教师任教前顶岗锻炼、老教师阶段性定期顶岗培训制度，让教师在提高技术技能实践水平的同时，了解最新企业职业岗位任职要求，把握人才培养方向；引进企业技能大师、能工巧匠，共同完善人才培养方案，修正课程体系与课程内容，推进专业教学改革。企业应制定明确合理的师傅遴选制度，严格执行遴选标准，要求师傅既具备精湛的技术技能，又具有一定的教学能力，能够灵活运用适宜的教学方法，尤其是德育方法，以涵养学徒的职业素养；建立师傅带培津贴，在适度给予其带徒自主权和指导自主性的同时，定期对师傅进行考核，以学徒的反馈来完善教学内容和教学方式。在理论教学与实践教学交替进行的模式下，"教师"与"师傅"有效对接，把"导师"的角色作用充分发挥出来，身体力行地起到示范和表率作用，随时随地、全方位地培养学生的技能和素养。

4. 保障要素

规范化的管理制度和科学化的考核评价体系是现代学徒制有序开展的重要保障。在宏观层面，国家成立现代学徒制专门管理机构，协同教育、人力、财政等资源，建立相应的规章制度和工作机制。各级政府部门根据当地实际，在不违背国家要求的基础上进一步细化规章制度，监督现代学徒制的实施，形成常态化机制。在微观层面，校企双方共同开展过程监督、管理与评价工作。在合作保障上，普遍采用企业、学校、学生签订三方协议的形式明确权利和义务。在教学管理上，大多数职业院校采用弹性学制和学分制，基于不同行业的发展规律和人才特性，对学徒培养工学交替时段和时限上的要求不尽相同，尤其对于那些变化快、流动性大、对人才培养有时间要求的行业及专业工作岗位，以累积学分制取代学年制，让学徒拥有更高的自主性，在保证学习质量的前提下缩短学习周期，从而更好地适应市场需求。考核评价的基本准则由学校与企业共同商讨确定，通过引入第三方评价或信效度验证等方式，确保考核评价的科学性和有效性。

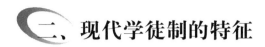

二、现代学徒制的特征

现代学徒制的基本特征可以从参与主体、学习情境、学习过程、受教育者身份四个方面来分析。

（一）参与主体的多样性

现代学徒制的开展首先要求学校、企业和学生签订三方协议，明确各自的权利和义务[1]。在人才培养的过程中，学校和企业作为双主体，共同确定人才培养目标、制订人才培养方案、实施人才培养计划、开展人才培养质量评价。就分工而言，学校主要通过系统化教学夯实学生的基础理论、基础技能和文化素养，企业主要提供真实的工作环境，培养学徒的实践操作技能和良好的工作习惯，帮助学徒实现职业能力的提升。双方分工合作，各展所长，共同完成对学徒的培养。此外，政府在现代学徒制人才培养模式中扮演重要角色。现代学徒制的试点及推广需要政府出台相关政策、投入相应经费予以扶持和推进，学校和企业之间责权利的分配界定往往也是由政府协调监督的。现代学徒制的开展有时还需要行业协会和相关组织积极介入，由他们参与制订职业能力标准和工作岗位标准，对人才培养进行过程性评价和终结性评价，公正地衡量现代学徒制的实施效果。

---

[1] 祝木伟：《中国特色现代学徒制人才培养实施现状及改进策略》，《中国职业技术教育》2016 年第 20 期。

（二）学习情境的多重性

在学校学习阶段，学生身处校园环境中，感受校园文化和氛围。事实上，学校的教学环境，尤其是实训教学现场和管理情境的职业仿真性，对培养学生良好的职业行为习惯具有重要作用。例如，在现场建设方面，可参照企业生产车间功能布局对实训教学现场进行功能分区；引入企业文化元素，如具有行业特色的文化标语、口号展板、安全质量警告牌等，让学生置身于企业文化和真实职业氛围下。在课堂管理方面，向学生渗透企业化的管理制度，如必须按标准统一着装，佩牌上岗。在出勤考核方面，实行上下班考勤制度，并要求及时填写实训记录。在设备和场地管理方面，借鉴企业 6S 管理模式，按照"整理、整顿、清扫、清洁、素养、安全"的基本要求，把养成教育落实到打扫环境卫生、整理仪器设备等细节之中，对学生进行规范化的职业行为引导。在企业学徒阶段，学徒身处真实的工作环境中，实地观察师傅或熟练员工的操作手法，参加企业员工的交流、培训和其他集体活动，在潜移默化中受到企业文化和工作氛围的熏陶，在技术技能产生的情境中构建知识和能力。

（三）学习过程的交替性

现代学徒制通常采取分段交替培养的模式。例如，以学期为分段周期，可实行八期分段交替培养。在第一、二、四、五阶段，以学校为主体，对学徒进行公共与素质教育、专业基础理论与基本技能培养，开展由从业资格考核认证中心组织的准入资格理论与基本技能培训与考核，学徒考核合格后才能参加下一阶段学习。在第三、六、七、八阶段，以企业为主体，学徒通过"在岗见习"全面了解企业生产岗位操作要求，与企业师傅签订师徒带培协议，进入学徒培养阶段；企业针对学徒所学专业、在校期间知识和技能掌握情况，进行理论补差和差异化实训训练；以项目式教学为主，通过"师带徒"形式开展具体岗位实践培训；开展岗位资格考核与认证，学徒只有取得从业资格证后方可成为正式员工，确保学徒可以实现零距离上岗。

（四）受教育者身份的复杂性

在现代学徒制实施过程中，受教育者具有"学生"和"学徒"双重身份，在两种身份之间交替转换。"学生"既可以是处于实习期的全日制学生，也可以是在职的学生；"学徒"既可以是处于试用期的准员工，也可以是企业的正式员工。学徒通过学分制和弹性学制完成职业院校课程教学要求，达到相关专业要求，获得毕业证书；与此同时，通过在具体岗位上的学习与实践，达到相关职业和岗位技能要求，获得相应的职业资格证书或培训合格证书①。

三、现代学徒制与其他人才培养模式的比较分析

为了更好地厘清现代学徒制的内涵与特征，我们将现代学徒制与校企合作、传统学徒制、订单培养等人才培养模式进行比较分析。

（一）现代学徒制与校企合作模式的比较分析

校企合作人才培养模式是一种以社会和市场需求为导向，以校

---

① 吉利、史枫、王宇波：《以示范校建设为契机　构建现代学徒制人才培养模式的实践与思考》，《中国职业技术教育》2017 年第 29 期。

企双方利益共赢为前提，以培养良好职业能力和就业竞争力为目标，利用学校和企业不同的资源优势，培养满足企业需求的技术技能人才的培养模式。广义而言，校企合作的范围包含人才共育、技术共研、产品共建等；狭义而言，校企合作的范围聚焦在人才培养层面上，通过课程、师资、教材等具体构成要素的合作共建，实现人才供给主体和人才需求主体的紧密对接。从主体上看，校企合作的双主体并未明确处于主导地位的是学校主体还是企业主体，其中，提升企业参与合作的内生动力是校企合作中极为重要的一环，而"校热企冷"是目前校企合作发展进程中面临的普遍现象。从范围上看，校企合作涉及的项目较多，其范围大于现代学徒制，但在具体的合作项目和合作深度上都具有不确定性。而现代学徒制涉及的项目明确，具备合作深度。可以说，现代学徒制属于校企合作的范畴之内，是一种更加深入的校企合作人才培养模式，是提升企业参与积极性、开启校企深度合作的金钥匙。

近年来，在职业教育领域国家一直大力倡导推进产教融合、校企合作，时至今日，虽有部分职业院校能真正将其做实做深做细，在一定范围内获得了成功，但总体来看并未取得理想的成效。现代学徒制作为一种更加深入的校企合作人才培养模式，有望助力职业院校在人才培养层面取得实质性突破。

其一，现代学徒制是建立在多元利益相关者权责平衡基础之上的。现代学徒制的直接利益相关者不仅包括学校和企业，还包括导师和学徒。一方面，现代学徒制中的师徒关系不同于被打下个体化烙印的传统师徒关系，它不存在人身依附，因此指导过程中的普适性和教育性更强，这不仅保证了专业技能传授的科学高效，而且有利于职业文化和工匠精神的传承；另一方面，师徒双方的权利和义务受到合同的规范和保障，学徒作为学校学生和企业学徒的双重身份得到认可，双方参与现代学徒制人才培养的积极性也随之提高。

其二，校企双方有了更深的联系，企业的参与形式和参与程度都不同于以往。现代学徒制的实施改变了先学校育人、后企业实践的传统模式，开启了分段式校企轮换交替培养的新模式，实现了校企育人形式从泾渭分明到相互衔接、融合的转变。在这样的形式下，企业顺理成章地要全程参与技术技能人才培养过程，主导职业能力标准的制定，参与人才培养方案的制订，共建共享教学资源等。

其三，现代学徒制在夯实专业实践能力的基础上，注重对通用技能、综合素养和自我学习能力的培养，其可贵之处不仅在于能实现职业院校人才培养与企业需求的紧密对接，而且对于打破职业教育的功利化怪圈、促进个体职业生涯的可持续发展也具有积极意义。

由此可见，现代学徒制源于并推动了现代产业的发展，它既是一种特殊的校企合作实践形式，也为校企深度融合、工学交替育人提供了制度保障。

（二）现代学徒制与传统学徒制的比较分析

现代学徒制是对传统学徒制的延续、发展与创新，两者都保有"学徒制"的基因。"学徒制"通常被定义为"以师傅带徒弟为主要形式，以某行业或职业的知识技能学习为内容，徒弟可因劳动获得某种形式回报的职业教育形态"。由此可知，一方面，传统学徒制和现代学徒制的主要学习途径都是技术实践，二者均将教学过程融于工作过程之中，以工作过程为依托，遵循由易到难、由简入繁、由局部到整体的学习规律，最终使学徒习得胜任相应岗位工作的技术技能；另一方面，无论是传统学徒制还是现代学徒制，学徒都要经历一个较长的训练过程，"师傅带徒弟"是这一训练过程的核心，师傅通常资历较深且对学徒要求严格，学徒必须通过层层考核才能获得认可。若学徒努力程度不够，难以达到预期的目标要求，企业可以解除与学徒签订的培训合同。

尽管现代学徒制沿袭了传统学徒制的核心内容，但随着时代的变迁和实际需求的变化，现代学徒制在功能目的、教育性质、教学组织等方面都有了很大程度的发展和创新。区分传统学徒制与现代学徒制的关键在于理解现代学徒制之"现代性"的内涵。"现代学徒制"一词产生于二十世纪六七十年代，以德国双元制为典型代表。二十世纪九十年代之后，西方各国纷纷开始效仿德国进行学徒制改革，探索和实施现代学徒制逐渐成为世界性趋势。与传统学徒制相比，现代学徒制的"现代性"基本特征主要体现在以下三个方面。

一是在功能目的上，从重生产性向重教育性转变。回顾传统学徒制，在学徒期间学徒除了学习，还长期从事无益于技艺进步的重复性劳动或与技艺学习无关的闲杂事务。这样做的目的在于充分利用廉价劳动力以服务于生产盈利，即在传统学徒制中，学徒的学习并未被置于核心地位。而现代学徒制以教育为核心，以技术技能养成为目标，尽管企业是以盈利为目标的市场主体，在招收学徒时也会考虑自身的经济利益，但基于一系列政府出台的政策及法律法规文件，企业有义务为学徒的学习提供条件，帮助其尽快获得成长，学徒不再是企业的廉价劳动力。

二是在教育性质上，从非正规职业培训向正规职业教育转变。传统学徒制注重单纯的岗位技能训练，即使有工匠精神等素养的培养，也以师傅的言传身教为主，并未形成标准化的模式，其传授过程处于一种无章可循的状态。在教学与生产合一的情境下，教学组织具有很大的随意性，处于非结构化状态，因此传统学徒制在某种程度上只是一种非正规的职业培训。此外，传统学徒制的学习是终结式的，学徒出师后就直接开启自己的职业生涯，此后不再接受其他教育或培训。现代学徒制已经被纳入国家正规的教育体系之中，成为一项重要的教育制度，学徒在符合规定的结业要求后可以获得毕业证书和职业资格证书。现代学徒制在实施过程中不仅关注学徒的实践技能养成，而且关注学徒职业生涯的可持续发展，强调基础理论和通用技能等综合素养的培养。现代学徒制以训练有素、分工合理的师资团队，统一、规范的课程框架，提前设计、严格考量的教学流程等为引领，形成了结构化的教学组织。同时，现代学徒制被设计成一种横向融通、纵向衔接的教育"直通车"和"立交桥"，学徒可以选择进一步深造，接受更高层次的教育。

三是在利益相关者机制上，从简单向复杂转变。传统学徒制所涉及的相关利益主体不多，利益关系相对简单。现代学徒制的实施过程牵涉政府、学校、行业企业、第三方机构、学徒、学校教师、企业师傅等多个具有不同利益诉求的主体，其复杂程度和运行难度远远超过了传统学徒制。要推进现代学徒制的顺利实施，需要明确各主体的权责关系，权衡多方利益分配。因此，建立跨部门合作机制和多方监督机制，强化培训合同的约束效力，是较为典型的经验做法。

（三）现代学徒制与订单培养模式的比较分析

订单培养是指企业根据自身发展和工作岗位需求与学校签订订单培养协议，以企业冠名的形式成立订单班，班级学员为大一、大二在校生，校企共同实施订单班学生的培养计划，最终考核合格的学生按照订单协议到企业相应的工作岗位上就业。在订单培养模式中，校企合作的项目并不固定，有可能包括课程开发、教学设计、师资培养、实训基地建设、毕业实习等全过程，也可能只包含其中少数项目。对比订单培养模式与现代学徒制，两者的区别主要体现在以下四个方面。

一是在招生方式上。订单培养模式采取企业预定、学校招生的方式，其流程相当于先招生、后招工。订单班学生由与学校签约合作的企业在大一、大二专业对口的在校学生中选拔，最终基于企业和学生的双向选择确定订单班的组成成员。现代学徒制实行校企联合招生与招工，包括招生即招工、先招生再招工、先招工再招生三种方式。招生即招工由学校事先单列现代学徒制的招生计划，根据学校和企业共同制定的标准，同步完成学校招生和企业招工；先招生再招工是在学生通过常规的录取流程进校后，企业再进行招工；先招工再招生是企业先招聘员工，该员工再通过学校的单招考试获得录取资格。

二是在主体身份上。开展订单培养时，企业虽与学校签订了订单培养协议，但并未与学生签订用工合同，严格来说，订单班学生不是企业的准员工，只具有学校学生这一种身份，在校期间也不享有薪资待遇和劳动保障。而在现代学徒制培养之初，企业、学校、学生便已签订了三方协议，学徒具有学校学生和企业员工双重身份，他们在学徒期间的相关保险和津贴由企业承担。

三是在培养方式上。现代学徒制强调校企联合培养，人才培养方案由校企共同制订，企业全程参与人才培养方案的执行。学徒在学校和企业之间交替完成学习，由学校教师和企业师傅共同指导。订单培养模式以学校培养为主，人才培养方案的设计由学校主导，企业提供参考意见并配合完成一部分教学工作。学生主要在学校完成学习，企业的参与形式以派出专家或技术人员到学校开展讲座、授课为主，其授课数量和时间在整体课程体系中所占比例不高，一般不会超过 10%。

四是在考核评价上。订单培养模式对学生的考核评价以学校为主，学校掌握最终决定权，企业虽参与考核，但不具有决定权，若订单班学生的企业课程成绩考核不合格，则学校可以采取替代课程或补考等措施让学生修满学分，使其能够顺利毕业。现代学徒制对学徒的考核评价由学校和企业共同完成，在校学习的基础理论知识和专业技能由学校负责考核，在企业当学徒期间的岗位技能和职业素养由企业负责考核。整体的过程性考核评价体系和开设课程的考核标准由校企双方共同制订。学校和企业任何一方的评价考核结果对学徒都具有决定性影响，学徒要想顺利毕业，需要通过学校和企业的双重考核。

总体来看，在开展订单培养的过程中，学校是主体，企业处于较为被动的协作者的位置，参与程度不深，对人才培养的投入和重视程度也不够，教学过程与工作过程存在严重脱节。目前，最为棘手的问题是，订单班学生的流失率较高，部分合作项目的学生流失率甚至超过 70%。在国家大力推进现代学徒制试点的政策导引下，高职院校有必要推动订单培养模式向现代学徒制人才培养模式的转型，实现校企合作的深入化和规范化。

第四章

现代学徒制的主体及权益诉求

　　现代学徒制是产教深度融合、校企纵深合作、工学交替的育人模式，具有参与主体多样、受教育者身份复杂、学习情境多重等特征，不仅是职业教育人才培养模式改革的重点方向，也是提高职业院校人才培养质量的重要手段，还是培育和传承工匠精神的重要载体。开展现代学徒制试点工作需要教育界和产业界跨界联动。目前，在现代学徒制实施过程中存在参与主体身份认同程度不够、职责分工不清、权益诉求保护不力等问题，究其原因在于忽视了重要育人主体企业的权益诉求，缺乏对学徒和师傅的关注。为推进现代学徒制试点工作顺利实施，有必要深入探究政府、学校、雇主、学徒的身份地位、职责分工和权益诉求。

一、现代学徒制的主体分析

为了更好地推进现代学徒制人才培养模式改革，有必要分析和探究现代学徒制的构成主体。现代学徒制的概念内涵为确定现代学徒制主体提供了思路和依据。现代学徒制既是一项国家设计的职业教育人才培养的教育制度，又是一种校企协同育人的人才培养模式，还是一种教学模式、一个校企合作的利益共同体（利益相关者组织）。可见，在不同研究视角下，现代学徒制的主体呈现多元化的特点。

（一）现代学徒制主体的确定

职业教育制度框架下的现代学徒制，是各相关利益主体围绕人才培养构建或形成的利益共同体。从宏观层面看，现代学徒制是国家设计的一种职业教育制度。在《欧洲现代学徒制的实践与经验分享：青年有益，企业有利》一书中，欧洲学徒联盟认为学徒制正式地把学校本位教育与企业本位培训轮换相结合，学徒需要顺利完成学业并取得国家承认的职业资格证书。通常来说，企业应与学徒建立合同关系，并为学徒工作支付工资[①]。"现代学徒制"是西方国家的舶来品，与我国的传统学徒制有所区别。

我国在传承传统学徒制和借鉴西方学徒制的基础上，构建了现代学徒制，并在职业教育领域进行试点和推广。2012 年，《教育部2012 年工作要点》（教政法［2012］2 号）明确提出开展现代学徒制试点。2014 年，为了提高职业教育人才培养质量，国家大力推进职业院校人才培养模式创新，设计了现代学徒制这一教育制度，要求"开

---

① 孙玉直：《欧洲现代学徒制》，中国劳动社会保障出版社，2016，第 79 页。

展校企联合招生、联合培养的现代学徒制试点，完善支持政策，推进校企一体化育人"。2015 年，教育部发布《关于开展现代学徒制试点工作的通知》（教职成司函〔2015〕2 号），正式启动国家级现代学徒制试点工作，截至 2020 年，国家已经试行了三批现代学徒制试点工作。

"现代学徒制"整合了学校和企业双方的优势，将传统的学徒培训方式与现代学校教育相结合，生成一种校企双元育人的职业教育制度[①]。当现代学徒制作为一项职业教育制度在职业院校强力推进时，各利益相关者最关注的各方在现代学徒制中的权利、义务及责任，特别希望国家能以法律形式予以规定和保障。由此可知，国家作为现代学徒制这一职业教育制度的"设计者"和"推进者"，应是现代学徒制的重要主体。从现代学徒制人才培养模式的实施过程看，职业院校和企业是主要的合作办学主体。当现代学徒制进入教学环节或具体执行过程时，"学徒"和"教师"是现代学徒制教育活动中的基本主体。

（二）现代学徒制主体的类型

现代学徒制具有多方参与、主体双身份的特征，"利益相关者理论"能为分析现代学徒制参与主体的类型与关系提供理论指导。从现代学徒制人才培养模式实施过程看，它是一个利益相关者参与的活动。"利益相关者理论"是一种关于组织管理的理论。R·爱德华·弗里曼在 1984 年出版的《战略管理：利益相关者管理的分析方法》一书中首次提出"利益相关者理论"，目前该理论已大量运用到公司管理、项目管理、组织管理等领域，对于现代学徒制参与主体治理也具有普适性。R·爱德华·弗里曼认为，企业经营管理是管理者为综

---

① 杜广平：《我国现代学徒制内涵解析和制度分析》，《中国职业技术教育》2014 年第 30 期。

合平衡各个利益相关者的利益诉求而进行的管理活动，企业追求的应是利益相关者的整体利益。"利益相关者是能够影响一个组织目标的实现，或者受到一个组织实现其目标过程影响的所有个体和群体"[①]。这为识别现代学徒制的利益相关者提供了可操作的方法。

按照米切尔评分法，对现代学徒制的利益主体进行判断和界定，可以得出如下利益相关者类型。

（1）确定型利益相关者，主要是职业院校和企业。"招生即招工""工学交替"使职业院校和企业成为主要办学者。这种利益相关者同时具有合法性、权力性和紧迫性三种属性。职业院校和企业是现代学徒制的最主要组成成员，同时具有三种属性，属于确定型利益相关者。

（2）预期型利益相关者，主要是学徒和教师。"校企一体化培养""双主体育人"使在校教师、企业师傅、学徒成为现代学徒制的利益相关者。学徒不只是在校学生，也是企业雇员，具有合法性、紧迫性，但无权力性，通常处于被动地位。在校教师是现代学徒制的具体参与者与执行者，具有合法性和权力性，但无紧迫性。企业师傅是企业的雇员，也是现代学徒制的具体参与者，服从企业安排。

（3）潜在型利益相关者，主要包括政府部门、行业协会及其他社会组织。政府部门、行业协会具有权力性，但无合法性和紧迫性，因此属于潜在型利益相关者。

　现代学徒制主体的职责分工

现代学徒制是在现有校企合作基础上进一步深化产教融合、工学结合，实现"招生即招工、入校即入厂、校企联合培养"的一种

---

① R·爱德华·弗里曼著.《战略管理：利益相关者管理的分析方法》，王彦华，梁豪译，上海译林出版社，2006，第37-38页。

合作教育制度。从办学主体上看，现代学徒制具有双主体办学和双主体教学、学习主体双重角色的特征。职业院校和企业是现代学徒制实施的主要合作方，在校教师和企业师傅是现代学徒制育人的主要实施者，现代学徒制是传统学徒制和现代职业教育的有机结合，是一种职业院校与企业合作的职业教育制度，也是在校教师和企业师傅联合育人的教学活动。因此，有必要在办学和教学活动中明晰办学主体、教学主体、学习主体的职责分工。

（一）现代学徒制教育制度的设计者：教育行政部门

现代学徒制是一项由政府教育行政部门设计并保障实施的国家职业教育制度，是一项自上向下推行实施的教育政策。2014 年，教育部印发《关于开展现代学徒制试点工作的意见》，要求职业院校"深化产教融合、校企合作，进一步完善校企合作育人机制，创新技术技能人才培养的模式。"从我国现代学徒制试点办学现状来看，现代学徒制试点项目是国家层面推进现代学徒制的教育举措，职业院校为了落实此项国家职业教育制度，主动去寻找合作实施现代学徒制的企业，通常职业院校是主动方，企业则是被动配合方。

教育行政部门的主要职责包括四点。一是制订现代学徒制试点政策。教育行政部门负责做好现代学徒制教育制度的顶层设计，制订相关试点政策，出台政策保障措施，完善相关法律规定。二是提供相关资金保障。为鼓励企业积极参与现代学徒制试点工作，教育行政部门应为职业院校和企业实施现代学徒制提供资金保障。三是推进现代学徒制教育制度改革。教育行政部门应积极推进职业教育制度改革，畅通现代学徒制实施机制，为职业院校实施现代学徒制提供良好的政策环境，如推进学分制改革、实施弹性学制、建设学分银行等。四是规范和引导现代学徒制试点改革。教育行政部门作为职业院校的主管部门，要规范、引导、监督职业院校与企业合作开展现代学徒制，保证职业教育事业的公益性和教育质量。

（二）现代学徒制的主要办学者：职业院校

职业院校是现代学徒制的主要办学者，在现代学徒制实施过程中占据关键地位。职业院校属于公益性组织，具有公共性，追求社会的公共价值，提供准公共产品，促进学习者就业创业和服务区域经济发展。职业院校是指经政府有关部门依法批准建立，实施全日制中等学历教育的各类中等职业学校、实施全日制高等学历教育的高等职业学校和高等专科学校，含高等学校附属的高职（专科）学院、中专部、中等职业学校等。职业院校面向在校学生和社会人员提供职业教育和职业培训，侧重培养学习者的职业知识和实践技能。

职业院校在现代学徒制办学中的职责包括四点。一是制订试点专业的人才培养方案。职业院校应联合企业选择试点专业，并与企业共同制订人才培养方案，明确人才培养的目标，建设课程资源，准备教学条件。二是开展现代学徒制人才培养模式改革。职业院校应与企业开展现代学徒制试点，联合招生，协同育人。三是促进就业。职业院校应与企业联合招生，选拔企业准员工，按照企业用人要求量身打造技术技能人才，为学生提供企业顶岗实习机会和就业机会。四是完善现代学徒制配套制度建设。职业院校应明确各方权利和责任，制订规范现代学徒制运行的相关管理办法及规则，改革现代学徒日常管理方式和手段，完善现代学徒制的运行机制。

（三）现代学徒制的重要办学者：企业

企业既是现代学徒制的重要办学者，又是追求利益最大化的"经济人"。企业是指以盈利为目的，运用各种生产要素（如土地、劳动力、资本、技术和企业家才能等），向市场提供商品或服务，实行自主经营、自负盈亏、独立核算的法人或其他社会经济组织。现代学徒制中的企业包括正规和非正规的企业、规模以上企业和中小微企业。职业院校通常有一个现代学徒制合作企业的遴选标准，大多倾向于跟技术技能人才需求量大的企业、有前期良好合作基础的企业、发展前景好的企业、行业内的知名企业合作。此外，具有技术技能人才储备意识的企业也愿意与职业院校合作开展现代学徒制办学，而具有社会责任感的中小企业也会积极参与职业教育办学，为职业院校提供教育资源。

　　企业在现代学徒制办学中的职责主要包括五点。一是与职业院校合作招生。现代学徒制的典型特征之一是"招生即招工"，企业应与职业院校联合开展招生工作，在社会、学校、企业中开展招生宣传，为自己选拔合适的工人。招生意味着企业应承担为学生提供就业岗位的责任。二是与职业院校一起协同育人。企业应承担学徒的实践教学环节，选拔经验丰富、技艺高超的技师担任学徒的师傅，负责向学徒传授岗位技能与职业素养等。三是负责学徒在厂的管理工作。企业应为顶岗实习的学徒提供实习工作岗位、学习资源、实习设备，负责在厂实习学徒的人身和财产安全。四是企业应参与职业院校办学治理和教育教学改革。企业应积极参与职业院校现代学徒制人才培养方案制订、课程标准制订、教学改革、专业建设、实训条件建设、教材编写等工作，提高人才培养的针对性和适用性。五是保障学徒在职业教育培训中的人身安全。教育部发布的《关于开展现代学徒制工作的意见》要求"按照国家有关规定，保障学生权益""落实学徒的责任保险、工伤保险、确保学生安全"。国务院办公厅发布的《关于深化产教融合的若干意见》规定，"加快发展学生实习责任保险和人身意外伤害险，鼓励保险公司对现代学徒制、企业新型学徒制保险专门确定费率"。

（四）现代学徒制的主要实施者：在校教师

实施现代学徒制需要推进校企"双主体育人"、形成教师师傅"双导师队伍"，形成互聘共用的双导师机制。现代学徒制中的"教师"指在校教师和企业师傅，他们是实施现代学徒制的双主体。从广义上讲，凡是对受教育者在知识、技能、思想、品德等方面起到教育影响作用的人，都可以称之为教育者。现代学徒制中的在校教师是指职业院校里的教育者，是有目的、有意识、有计划地向受教育者传授生产生活经验知识和技能的专职教学人员。教师应是双师型教师，他们既能在学校传授专业理论知识，也能在实践岗位上传授技术技能知识。在校教师是教学活动的主导者，也是技术技能人才的培育者，还是现代学徒制教学活动的主要实施者，其作用是引导和促进学习者学习教学内容，习得职业技能，在无形中影响学习者的思维方式、价值观念和人生信念。

教师在现代学徒制中的基本职责主要有三点。一是教书育人。在校教师应严格执行学校的教学计划，扮演好"传道、授业、解惑者"的角色，完成教学工作任务。二是当好各方"代理人"和"朋友"。家长、企业把学生交给学校和教师，教师要关心和爱护学生，尊重学生人格，促进学生身心健康发展，保障学生人身安全。三是当好"管理者"。教师不仅要管理好教学活动，还要做好学生日常生活的管理工作。

（五）现代学徒制的重要实施者：企业师傅

企业师傅是形成师徒双向互动关系的主要主体之一，是企业实践教学环节的主导者、实践技能的传授者、顶岗实习的指导者。企业师傅是指与职业院校合作开展现代学徒制人才培养的企业，选择一线工作经验丰富、技艺精湛的技术技能人才，指导学生顶岗实习、向徒弟传授生产实践操作技能的人。从应然状态上看，企业与职业院校应选择技艺精湛、生产经验丰富、责任心强、善教乐教的技术技能人才担任学生的实践导师，即"师傅"。然而，在实践中，企业的技术技能人才虽然具有丰富的工作经验和较强的实践操作能力，但却缺乏施教经验，不懂如何将生产操作经验、技能传授给学生，同时由于生产任务重而不能集中精力"带徒弟"。企业与职业院校合作开展现代学徒制，企业职业教育培训是必不可少的重要环节，师傅是企业实施现代学徒制的主要执行者。因此，职业院校与企业应该建立企业师傅选拔和培训制度，按照标准选拔技能过硬、综合素质合格的企业师傅。

企业师傅在现代学徒制中的主要职责有四点。一是担任学生在企业实践阶段的教师，负责开展企业职业教育培训。师傅是企业职业教育培训的主要承担者，负责指导学徒熟悉工作岗位要求和生产操作流程，在言传身教中开展职业教育培训，让学徒在潜移默化中习得隐性的知识和技能。二是指导学徒顶岗实习。师傅应引导学徒了解生产一线的新技术、新工艺及行业发展前景，缩短学徒的岗位适应时间，提升他们的实践操作能力。三是引导学徒职业生涯发展。师傅是学徒进入行业的引路人，通过言传身教使学徒了解工作领域概况和职业发展前景，从门外汉变成入行新手，规避职业雷区，科学合理地规划职业生涯发展轨迹。四是负责学徒在企业的教学管理工作。师傅在指导实习、传授技能、帮助规划职业生涯发展的同时，还要关心学徒在企业的日常生活和人身安全，做好学徒日常管理工作。

（六）学习者双重身份：学生与学徒

学习者由职业院校和企业联合招收。职业院校和企业联合开展现代学徒制人才培养，通过签订合同明确学习者的身份、角色及职责。学习者具有职业院校学籍，在学校学习职业知识和技能；学习者又具有企业准员工的身份，在企业顶岗实习、接受企业职业教育培训，因此，学习者具有双重身份，即学生与学徒。现代学徒制的学徒与企业招收的学徒都是行业新手，但有显著区别，现代学徒制的学徒还处于接受高等职业教育阶段，学徒拥有在校学生向企业新人过渡的身份，接受职业院校和企业的双重管理。无论是学生还是学徒，他们都处于社会化未完成的状态，容易面临双角色过渡困难、责任不清等问题。

现代学徒与企业学徒的区别在于，后者是以企业为主导实施的一种师傅以言传身教方式带徒授技的用工制度，且更加重视经济价值。而职业院校实施的现代学徒制更加关注人才培养和技术技能掌握情况，是一种人才培养模式和职业教育办学制度，不关注经济价值，是一种特殊的劳动雇佣关系。

学习者在现代学徒制人才培养过程中的主要职责有三个。一是学习。在学校期间，学习者应接受学校的理论教学和实践实习安排，服从学校的教学管理，努力掌握理论知识和实践操作技能。二是为未来走上工作岗位做准备。学习者应在职业过渡阶段适应新身份，掌握工作岗位所需业务能力，熟悉生产操作流程，了解生产一线的新技术、新工艺及行业发展动态，努力提升岗位适应能力和技术技能水平，为步入职场做好准备。三是树立服务社会的职业精神。学习者应通过现代学徒制人才培养模式习得谋生的手段，逐渐养成敬业奉献的劳动精神、精益求精的工匠精神及精工细作的质量精神。

（七）现代学徒制的参与者：行业协会

行业协会是介于教育行政部门、职业院校、企业之间的社会中介组织，是连接职业院校和企业的桥梁和纽带，具有咨询、沟通、监督等服务职能。行业协会是行业企业自发成立的一种行业自治组织，具有非政府性、非营利性、中介性和自治性。由于行业协会是自发成立的组织，因此具有较强的行业企业基础，行业企业通过制订行业规则来协调和平衡行业内部的权利与利益。行业协会不仅能够为职业院校寻找具有合作意向的企业，还能为企业寻找具有合作意向的职业院校，进而指导和监督校企合作开展现代学徒制人才培养工作。

行业协会在现代学徒制人才培养过程中的主要职责有三个。一是发挥中介组织作用。行业协会应能够增进职业院校和企业的信息沟通交流，为职业院校选择合适的现代学徒制合作伙伴。二是发挥咨询服务功能。行业协会应为职业院校和企业合作开展现代学徒制办学提供行业发展信息、行业企业用人需求及招工信息、就业信息，规范和协调校企在现代学徒制人才培养中的办学行为和利益冲突。三是评价现代学徒制办学质量。行业协会应能够根据行业发展信息和行业规则与技术标准科学评价现代学徒制人才培养质量。

（八）现代学徒制的参与者：学生家长

学生家长在狭义上是指已经参与现代学徒制人才培养的学生家长；在广义上是指已经参与或有意向参与现代学徒制人才培养的学生家长。学生家长在现代学徒制人才培养中的支持作用常被忽视。现代学徒制是多方协同联动的育人过程，不仅需要校企合作，也需要家校合作。学生家长对现代学徒制的态度在很大程度上影响学生参与现代学徒制的意愿，学生家长应能对现代学徒制人才培养给予反馈意见和改进建议，监督学校和企业的办学行为。

学生家长在现代学徒制人才培养中的主要职责有两点。一是支持现代学徒制办学。家长支持学生参与现代学徒制，是对职业院校的认可和鼓励，会在社会上产生示范效应，有利于吸引更多的学生参与到现代学徒制中来。二是监督现代学徒制办学。现代学徒制的人才培养质量直接关系到学生的就业和职业发展，学生家长应主动参与、关注现代学徒制办学发展动态，并及时给予反馈意见，发挥监督现代学徒制办学的作用。

三、现代学徒制主体的权益诉求

权益是利益相关者参与实施现代学徒制的动力源泉，权益诉求反映了现代学徒制相关利益者合作的利益取向。对现代学徒制不同参与主体的利益诉求进行分析，可以为职业院校与企业合作实施现代学徒制人才培养提供理论指导。

（一）确定型利益相关者的权益诉求

按照米切尔评分标准，职业院校和企业在现代学徒制办学过程中是确定型利益相关者，其权益诉求直接决定了现代学徒制实施的成败，需要尊重和保障确定型利益相关者的合法权益诉求。

1. 职业院校的权益诉求

职业院校是现代学徒制试点的主要实施方，具有举办教育的权利及为学生提供满意的教育、为企业提供优质社会服务的义务。其权益诉求如下。一是希望企业积极参与实施现代学徒制，为学校提供教育资源。在人才"工学交替"培养过程中，希望企业为学生提供长期的顶岗实习场所，为学生选派经验丰富的技师、能工巧匠担任"师傅"。企业能够参与现代学徒制人才培养方案制订，与学校合作开发教材、实施课程改革，将行业企业的新工艺、新技术纳入教学内容中。二是提升人才培养质量。职业院校与企业积极合作开展现代学徒制，提高人才培养的适用性、精准性。职业院校与企业共同培养人才，犹如"父母"共同教育"子女"，企业提供优质的教育资源，使职业院校能够按照企业意愿"量身打造"合格的技术技能人才。三是获取就业创业机会。在开展现代学徒制试点过程中，"招生即招工"不仅赋予学生"准员工"的身份，而且给予学生就业的机会。作为雇主，企业是职业院校人才培养的"购买方"，职业院校希望企业提供所需人才的规格和数量、定时发布企业用人需求报告，为职业院校提供更多的就业信息。

2. 企业的权益诉求

企业是现代学徒制的重要实施方，具有参与实施现代学徒制试点的权利和取得合理回报的权利，承担着发展职业教育的社会责任，其参与现代学徒制试点的权益诉求在于获得智力支持和技术支撑。其权益诉求如下。一是用人需求。企业希望从职业院校获取专业基础扎实、动手操作能力强、具有创新思维的技术技能人才。二是多样化培训需求。企业与职业院校合作开展现代学徒制试点，共同培养在校学生，可以提升人才培养的针对性和精准度。同理，职业院校能够为企业员工提供多样化的培训，从而提高企业生产效率，增加经济收益。三是获取合理的经济回报。企业在参与现代学徒制办学过程中投入了大量的人力和物力，希望能够获取合理的经济回报。例如，安排顶岗实习的学生从事企业生产活动，将学徒当作劳动力，降低人力成本，获取经济价值；希望职业院校参与企业产品研发与技术革新，与企业联合开展技术攻关，解决企业发展中的技术难题，促进科研成果转化和技术推广应用。

（二）预期型利益相关者的权益诉求

学校教师、企业师傅、学生是现代学徒制实施过程中重要的教学主体和学习主体，是预期型利益相关者。然而，由于预期型利益相关者在现代学徒制办学过程中缺乏决策权，故他们的合法权益诉求常被忽略。

1. 学校教师的权益诉求

学校教师是现代学徒制试点的具体执行者，是现代学徒制人才培养的重要教学主体，他们通常希望获得更好的薪资待遇和晋升空间。具体诉求如下。一是体现自身价值。教师的本职工作是教书育人，帮助学生获得知识和技能，间接为社会经济发展服务。体现自身价值是教师积极参与校企合作的动力源泉。二是专业发展机会。职业院校的专业教师大多是双师型教师，不仅要能上好课，而且要能干好活，因此，教师都希望通过校企合作获得到企业顶岗锻炼的机会，参与企业科技研发与技术推广，提升业务能力。三是良好的晋升空间。当前，不少学校把参与校企合作作为教师业绩考核的内容之一，具有相关企业或生产经营管理一线工作经历的专业教师在评聘和晋升、评优表彰等方面可以得到优先对待。

2. 企业师傅的权益诉求

企业师傅是现代学徒制试点的重要参与者，也是企业实践教学过程中的教学主体。师傅通过企业选拔或选派被赋予教授或带徒弟的教师身份，他们通常希望在生产和带徒弟过程中获取更多的薪资报酬和晋升机会。他们的权益诉求如下。一是提高工资待遇。企业师傅不仅要从事生产工作，还要在生产过程中向徒弟传授技术技能，他们付出了更多的时间和精力，因此希望获得带徒补贴或者直接提高薪资报酬。二是给予岗位晋升机会。企业师傅通常是在基层工作多年、经验丰富、技艺高超的技师，他们在工作岗位上无私地传授技艺，为企业培养和储备技术技能人才，因此希望获得更好的发展平台和晋升机会。三是获得社会尊重。当前，企业技师的社会地位还不够高，经济收入与劳动付出、社会声望与工作贡献不成正比，希望能够形成尊重劳动者的社会风尚，提高产业工人的社会地位。

3. 学生的权益诉求

学生是现代学徒制的重要学习主体，也是学校教师和企业师傅教学的对象。学生作为预期型利益相关者希望获得熟练的技术技能和更多更好的就业机会。他们的权益诉求如下。一是习得核心素养。学生渴望习得扎实的理论知识、技术技能及职业素养，从而具备知识、技能和职业的迁移能力。二是提升技能。学生希望得到企业能工巧匠、技能大师的指导，提升业务技能，掌握新技术、新工艺，具备岗位任职能力。三是获得就业机会。学生希望企业给予更好的顶岗实习机会，毕业时能够从企业获取更好的发展平台和就业岗位。

（三）潜在型利益相关者的权益诉求

教育行政部门、行业协会、学生家长是现代学徒制实施的重要参与者和支持者，是潜在型利益相关者。他们高度关注现代学徒制实施成效和人才培养质量，是保障现代学徒制有效实施的重要力量。

1. 教育行政部门的权益诉求

教育行政部门是现代学徒制试点政策的制定者和培养模式的倡导者，它期望职业院校能够与企业合作开展现代学徒制，使现代学徒制成为具有中国特色的职业教育人才培养制度。其权益诉求如下。一是缓解结构性就业矛盾，促进就业和社会和谐。教育是公益事业，教育行政部门倡导实施现代学徒制的目的是希望校企合作教会学生一技之长，促进学生就业创业，缓解结构性就业矛盾，解决民生问题和促进社会稳定和谐。二是促进经济发展。教育行政部门设计现代学徒制，推进职业院校人才培养供给侧和企业用人需求侧结构改革，希望职业院校能够面向企业需求培养应用型技术技能人才，解决企业"用工荒"问题，服务产业转型升级，促进经济发展。

2. 行业协会的权益诉求

行业协会是职业院校与企业合作开展现代学徒制的桥梁，不仅能够指导职业院校与企业的合作行为，而且能够为职业院校寻找开展现代学徒制的合作伙伴。其主要权益诉求如下。一是希望职业院校与企业合作培养出更加符合市场需求的技术技能人才，为企业提供人力资源、技术支撑和智库咨询。二是希望职业院校在享用企业教育资源的同时，能够为企业提供更多的职业教育培训项目，提供更多优质的职业培训和继续教育机会。

3. 学生家长的权益诉求

学生家长是接受现代学徒制人才培养的学生的监护人，为学生选择专业提供决策参考。其主要权益诉求如下。一是希望职业院校与企业为学生提供高质量的教学服务与实习岗位。二是渴望学生学业有成，毕业后获得一份满意的工作。

四、现代学徒制主体的利益博弈

从实践运行机制上看，实施现代学徒制需要多元利益相关者参与互动，这些相关利益主体价值取向的差异性、利益诉求的多样性、利益关系的复杂性，使得利益相关者之间存在各种矛盾和冲突。现代学徒制的实施过程是一个利益博弈的过程，也是一个均衡多方利益的过程。当前，企业参与现代学徒制人才培养的积极性不高，原因在于企业的利益诉求得不到尊重和保障。具体来说，利益相关主体存在以下几种博弈行为。

（一）确定型利益相关者之间的利益博弈

职业院校和企业同属于确定型利益相关者，具有合法性、权力性、紧迫性三种属性，职业院校与企业的利益博弈直接影响现代学徒制的发展和办学成效，影响国家职业教育制度"现代学徒制"的实施与落实，必须予以高度重视。职业院校是公益性事业单位，在现代学徒制人才培养过程中发挥着主导作用，他们希望借助企业的人力资源和实践教学场所来提升人才培养质量和办学实力，通常比较主动积极地寻求与企业的合作，其关注点在社会效益上。企业与职业院校合作开展现代学徒制人才培养模式，为职业院校提供设备、顶岗实习、经费投入等支持，不仅期望获得直接的经济效益，而且希望从职业院校获得优质的技术技能人才，促进企业可持续发展。

职业院校与企业的关注点不同，两者在合作发展过程中难免会产生冲突和矛盾，进而偏离校企合作开展现代学徒制人才培养的初衷和旨归，导致职业院校专业建设缺乏特色、学徒缺乏职业素养、教学内容与岗位要求对接不紧密、人才培养的精准性和适应性不够、服务企业发展能力不足等问题。企业是营利性组织，关注经济效益和绩效指标，注重成本的投入与收益回报，在预期的经济利益和社会效益得不到满足的情况下，必将影响合作意向，从而制约现代学徒制的实施和长远发展。

职业院校和企业具有共同的利益，是冲突与共生的关系。双方的利益冲突可以看作将双方权益诉求置于一个动态的博弈系统中，双方通过协作、商榷、调整实现利益的动态分配。企业为职业院校提供较多的教育资源可能会影响企业的正常生产，当企业的投资与付出得不到回报、经济利益受损时，难免出现现代学徒制实施过程中的"校热企冷"的局面，现代学徒制人才培养模式可能演变为协议式合作或冠名式友情赞助。企业利益诉求的满足程度是决定合作成效的关键点。人力资源是职业院校与企业利益交换的纽带，职业院校的利益诉求重在"育人"，企业则重在"盈利"[1]。职业院校和企业在现代学徒制人才培养过程中的利益博弈是非对抗性的冲突，双方都不希望其中一方的利益增加导致另一方利益减少或者双方皆有所失，双方都希望实现合作共赢，即双方利益都有所增加或者在一方利益不减少的情况下另一方利益有所增加。职业院校在获得教育资源的同时，应积极为企业精准输送高技术人才、联合企业开展技术攻关、为企业提供优质的职工培训和继续教育机会等，使企业获得切实的经济利益和社会效益。

（二）预期型利益相关者与确定型利益相关者之间的利益博弈

职业院校作为确定型利益相关者，是现代学徒制人才培养模式

---

[1] 刘晓宁：《职教集团参与主体的利益博弈与共轭协调》，《职教论坛》2019 年第 21 期。

的倡导者，通常从学校发展的整体利益和长远利益出发，起草和制订与企业开展现代学徒制人才培养的合作协议与行动指南，确保学生能够接受优质教育，提升学校的办学实力。职业院校希望通过开展现代学徒制人才培养，为学生谋求顶岗实习机会，与企业师傅共同培养学生的实践技能，促进学生就业。可见，职业院校重点关注的是人才培养质量、人才培养的精准度及就业问题，其次是学生在企业的人身安全问题等，并不十分关心学生在企业顶岗实习的福利待遇问题。职业院校希望学徒能够不计个人的经济利益得失，全心全意地在企业锻炼，习得实践操作技能，获得胜任岗位工作的能力。

对于企业来说，企业关注的是将学徒培养成企业所需要的人才，解决"用工荒"的问题，这是企业参与现代学徒制人才培养的出发点和落脚点。企业一方面希望通过获取低廉的劳动力降低人力资源成本，另一方面又担心学生在岗位上出现操作失误和安全问题，导致成本开支增加。职业院校希望学生在企业顶岗实习期间努力提升实践操作技能，增强就业能力。与企业利益相比，学生的利益常被置于次要地位，因此职业院校应仔细甄选合作开展现代学徒制的企业，同时维护学生合理合法的利益诉求。

在现代学徒制人才培养过程中，学生的权益通常处于弱势地位，其在企业顶岗实习过程中的工作报酬、福利待遇、人身安全等很难得到保障。从职业院校和企业签订的现代学徒制人才培养协议的内容可以看出，大部分内容是关于如何开展企业职业教育培训、如何开展学生在企业的实践教学管理及如何考核学生在企业的实习表现的，很少涉及学生的实习岗位、工作时间、劳动报酬、人身安全等权益内容。从学生的角度来看，一部分学生会觉得某些企业提供的顶岗实习机会名不副实，更多的是观摩学习，而不是实践操作，对个人实践技能提升帮助不大；一部分学生认为在顶岗实习期间沦为企业的"临时工"，付出了劳动却得不到合理的报酬；还有一部分学生希望利用实习机会努力适应工作环境，未来有机会留在企业。职业院校和企业追求各自利益，学生在企业顶岗实习期间工作时间长、工资低、工作环境不好、节假日加班等问题频频出现，必将影响现代学徒制的实施。

在现代学徒制人才培养过程中，教师作为预期型利益相关者会与确定型利益相关者产生冲突与矛盾，但两者并不是对立的，可以进行调适与化解。以教师在现代学徒制合作的企业开展下厂顶岗实习为例，不少职业院校为提升现代学徒制人才培养的教学成效和推进教学改革，实施新进教师下厂顶岗实习一年、教师五年一轮训的顶岗实习制度。未下厂的教师会认为教师下厂实习一年会加重他们的教学负担；新入职教师下厂实习在适应新的工作环境时会感觉吃力；中青年教师轮训下厂实习需要脱离教学岗位和远离家庭，可能会有抵触情绪。可见，教师下厂顶岗实习制度不能充分调动教师的积极性，若将教师下厂顶岗实习时间折算成课时量、将实习经历纳入职称评审并充分保障教师下厂期间的福利待遇，则教师下厂顶岗实习的意愿和实习的质量将有极大提升。

（三）潜在型利益相关者与确定型利益相关者之间的利益博弈

教育行政部门是潜在型利益相关者，负责进行现代学徒制的顶层设计，指导和监督职业院校与企业合作开展现代学徒制人才培养，为人民群众提供优质满意的教育服务，促进产业转型升级和经济社会的发展，是现代学徒制人才培养模式实施的指导者和协调者。教育部从宏观层面综合协调和管理职业院校与企业合作开展现代学徒制，出台相关政策，调动校企合作积极性，促进协同育人。例如，教育部颁布《职业学校校企合作促进办法》，制订现代学徒制相关利益主体的博弈规则，明确合作形式、促进措施、权益保障等内容；为鼓励企业与职业院校合作举办高质量的职业教育，与其他部门联合推出"金融+财政+土地+信用"的组合式激励措施及减免税收等一系列的优惠条件；地方教育行政部门负责地方院校现代学徒制人才培养工作的统筹协调、规划指导、综合管理和服务保障。然而，在实际运行过程中，职业院校与企业合作存在跨区域、跨行业等问题，地方教育行政部门的管理权限受到制约，组合式激励措施及减免税收等相关政策需要多部门会签生效，因此难免出现政策落实不到位的情况。不少企业存在资金短缺和技术技能人才不足等现实问题，面对激烈的行业竞争和创新发展难题，在承担职业教育社会责任时有心无力。还有一些企业缺乏长远发展的眼光，认为对职业教育投入资金、设备、人力资源只会增加企业发展的负担，不支持、不参与合作开展现代学徒制人才培养，逃避履行发展职业教育的社会责任。

教育行政部门追求的是公共利益，通常更关注职业院校和学生的利益；企业追求的是经济利益，这是两类利益相关者的冲突所在。职业院校与企业合作开展现代学徒制办学，存在国有资产流失的风险，教育行政部门为规范现代学徒制办学行为，通常采用行政手段对职业院校办学行为进行干预和调控，而企业则认为政府或教育部门对合作办学干涉过多，会导致企业的利益缺乏保障。因此，教育行政部门应根据国家关于开展现代学徒制人才培养、促进校企合作的相关政策，在充分考虑地方实际情况的基础上，出台校企合作开展现代学徒制人才培养的实施细则与鼓励措施，制定地方性的现代学徒制办学的规章制度，通过采取行政命令、法律监督、宣传等手段协调职业院校与企业在现代学徒制人才培养过程中的矛盾与冲突，实现利益均衡。

五、现代学徒制主体的分类治理

为解决现代学徒制人才培养过程中的矛盾和冲突，需要加强利益相关者的分类治理，构建利益分配与协调机制，满足不同利益群体的合理诉求，顺利推进现代学徒制实施。

（一）调适确定型利益相关者的合作行为，促进协同发展

确定型利益相关者之间要达成价值共识。第一，职业院校要强化社会服务意识。职业教育作为准公共产品，不仅要为社会提供满意的教育产品，与企业合作探索多样化的人才培养模式，提升育人质量，还要为企业提供社会服务，围绕区域产业转型发展和结构升级调整要求优化专业结构，针对产业发展趋势提供各种各样的职业培训，结合企业发展需要提供技术支持和智库咨询等。第二，企业应积极承担发展职业教育的责任。企业作为"经济人"，在追求自身利益最大化时还要履行社会责任，努力成为产教融合型企业，积极与职业院校合作开展现代学徒制办学。

制定利益均衡机制，促进校企协同开展现代学徒制办学。"要想保持集体行动的一致性，就应该让集体成员能够平等分享每一项收益。"①因此，校企双方有必要构建一个合理的利益分配与协商机制；明确利益的主体及客体、分配原则、分配手段，建立利益对话、利益协调、利益激励、利益监督等机制。第一，建立利益对话机制，促进利益诉求表达。职业院校与企业是"我"与"你"的平等对话关系，需要及时就利益冲突与矛盾进行沟通，建立有效的信息交流

---

① 曼瑟尔·奥尔森：《集体行动的逻辑》，陈郁译.上海格致出版社，2014，第3页。

平台，对现代学徒制人才培养问题进行协商和决策，确保职业院校充分掌握企业人才需求的规格与数量，及时调整人才培养方案和优化专业结构，企业也能从学校获得优秀的人力资源和科研技术支持。第二，构建利益协调机制，协调冲突与矛盾。"按照公平正义的原则，在理顺利益主体的理性关系基础上设计广泛认同的协调机制。"①要按照现代学徒制人才培养协议与行动指南，对多元主体利益进行分配和协调，保障企业能够真正参与到现代学徒制人才培养的决策中，促进校企协同育人。第三，建立利益激励机制，调动校企合作积极性。利益是现代学徒制办学的内驱力，需求是驱动校企合作的原动力。对于在现代学徒制人才培养方面贡献突出的企业，政府应给予奖金、税收减免、社会荣誉等各种奖励。第四，制定利益监督机制，保障利益主体的合法利益。为保障现代学徒制办学的公益性，在内部要建立一个利益监督的自我诊改机制，在外部要建立一个由政府部门、行业协会、社会组织等广泛参与的社会性监督机制，通过监督和评价进一步规范职业院校和企业的现代学徒制办学行为，平衡各方利益，促进协同发展。

（二）满足预期型利益相关者的合理诉求，调动积极性

学校教师是现代学徒制人才培养的具体实施者，学生是现代学徒制办学的服务对象和受益者，职业院校和企业应努力满足预期型利益相关者的合理诉求。一是尊重教师、学生的合法权利。教师是现代学徒制人才培养的行动者，应赋予教师参与现代学徒制人才培养的决策权。学生是现代学徒制人才培养的主要受益者，应倾听学

---

① 张弛：《企业参与职业教育办学的长效机制构建》，《中国职业技术教育》2017 年第 12 期。

生的建议和反馈，保障学生在企业顶岗实习期间的合法权利。二是满足利益相关者的合理诉求，调动教师和学生的积极性。凡是参与现代学徒制人才培养的教师应给予一定的补贴，对于在现代学徒制人才培养过程中表现突出的教师应给予奖励，同时在业绩考核、职称评审等方面向参与现代学徒制人才培养的教师给予政策倾斜，从而激励教师利用顶岗实习机会不断更新知识结构、提升技术技能，用心服务企业发展。对于学生，职业院校与企业应共同打造实习实训平台，努力提升学生的实践技能和职业能力，建立具有竞争性的现代学徒奖学金制度，激励学生在顶岗实习期间追求卓越、脱颖而出。

（三）积极争取潜在型利益相关者的支持，促进良性发展

教育行政部门、行业协会是现代学徒制的潜在型利益相关者，在现代学徒制办学过程中扮演着第三方的角色，有可能发展为预期型或确定型利益相关者。在现代学徒制人才培养过程中，应积极争取潜在型利益相关者的支持，充分发挥他们的管理、协调和指导功能。一是教育行政部门应给予政策和经费支持。对于产教融合紧密、现代学徒制育人成效显著、反响良好的学校和企业，应给予财政资金支持与补贴。二是厚植企业承担职业教育责任的社会氛围。通过制定政策和加大宣传，营造重视职业教育发展、支持校企合作的社会环境，为参与现代学徒制人才培养的企业提供政策支持和利益保障。三是努力发挥潜在型利益相关者的协调功能。教育行政部门是现代学徒制人才培养的监管部门，行业协会是现代学徒制人才培养的指导部门，应充分发挥教育行政部门、行业协会在现代学徒制人才培养中的协调作用，解决校企合作开展现代学徒制办学中的深层次问题，为推进现代学徒制人才培养出台相关政策和法律法规提供参考依据。

综上，校企合作的深度是制约现代学徒制发展的关键因素，相关利益主体的协作联动是保障现代学徒制有效实施的基础。现代学徒制办学实质上是一个利益相关者组织，不同利益主体之间存在利益冲突与博弈，只有加强利益主体的分类治理，构建利益分配与协调机制，促进各利益方之间利益的均衡，才能推进现代学徒制良性发展。

第五章

我国现代学徒制的发展现状

2015 年 1 月，教育部印发《关于开展现代学徒制试点工作的通知》，在全国范围内开展现代学徒制试点工作，截至目前，现代学徒制试点工作已开展 6 年多，迫切需要对已有实践成果进行分析和反思，从而更好地推进现代学徒制的发展和人才培养质量的提升。

 一、我国现代学徒制发展的整体概况

在 20 世纪八九十年代，我国曾在一定范围内学习和借鉴德国的双元制模式，双元制和现代学徒制只是称谓不同，本质上并无差别，即在正式开展试点工作前，我国就已形成了一定规模的前期自主实践。近年来，随着对现代学徒制试点工作的探索，基层单位已积累了相关实践经验，并逐渐形成了典型的发展模式。当前，从校企合作模式、人才培养方式、师资队伍建设、管理与考核制度、外部支持环境等方面对现代学徒制的已有实践成果进行系统梳理，总结现代学徒制发展的整体概况，有助于为后续实践提供经验参考。

（一）校企合作模式

目前，基于现代学徒制的校企合作主要由学校主动寻求企业合作或由政府搭建平台促成合作，只有一小部分是由企业主动向学校寻求合作。从合作的企业看，主要包括国有企业、具有一定规模的民营企业、跨国企业及一小部分事业单位。在优先级上，优先选择在地方行业具有一定话语权的龙头企业及中型规模以上的企业。除了考虑企业规模、知名度、用人计划及员工发展等因素，是否建立过合作关系也是重要的考虑因素。在合作保障上，普遍采用企业、学校、学生签订三方协议的形式明确权利和义务，具体内容包括培养目标、培养期限、师傅职责、学徒职责、评价与考核标准、工资分配等。

当前，全国各地已开展了大量现代学徒制实践，积累了一定的经验，逐渐形成了几种较为典型的现代学徒制校企合作模式。一是院校企业合作模式。这一模式以江西新余为代表，早在 2011 年，该地区就借鉴国外先进的职业教育经验，融入本土需求，尝试推行现代学徒制。该地区的职业院校与企业共同确定现代学徒制人才培养课程体系、教学案例、实践方案、定岗合同等，保障学校、企业、学徒等相关利益主体的利益均衡。同时，制定了科学可行的系列标准，包括现代学徒制课程标准、现代学徒制技能标准、现代学徒制导师标准等，并以此为依据，围绕技能习得规律和职业资格证书要求开展了课程教学方式改革，实现了专业培养与岗位需求的融通。

此外，建立了创业基地等平台，启动了创业基金，以创业导师带领学徒创业，拓宽学徒的能力范畴和职业发展领域。二是院校园区合作模式。这一模式以江苏太仓为代表，该地区借鉴德国双元制实施经验，依托产业园区推行定岗双元制，形成了职业院校与产业园区内企业人才共培、定岗输送的合作模式。其成功经验在于将院校专业发展与园区内企业实际需求紧密结合。事实上，太仓的产业园区同类岗位受限于企业规模，较易饱和，这就倒逼职业院校根据市场需求调整专业设置，根据岗位需求调整专业结构，在实现人才需求与供给对接的同时进一步激发办学活力。三是院校行业合作模式。这一模式以广东省为代表，该地区在行业协会参与职业教育方面经验较为丰富。以广州铁路职业技术学院与国家数字家庭应用示范产业基地及广东省物联网行业协会联合开展的现代学徒制为例，三方联合构建了企业定岗位、行业定标准、学校定目标的现代学徒制人才培养模式。在人才培养的过程中，行业协会可以带来行业前沿信息，拓展专业的广度和深度，参与培养标准制定和质量监控工作，从较为客观的角度指导、协助学徒完成预设目标，进一步提升人才培养质量。四是院校联盟合作模式。这一模式以安徽省和山东省为代表，这两个省份率先实施现代学徒制试点联盟规划。在该模式下，政府需要发挥牵头作用，引导职业院校与有影响力的行业企业组建职教联盟，以联盟为依托培养现代学徒。该模式的最大优势是能为学徒的学习实践提供链条式资源，对学徒职业能力的全面提升起到重要支撑作用。例如，教育部曾与德国汽车制造联盟共同打造了中国汽车机电职业教育合作项目，学徒可以在德国五大汽车制造企业、4S维修店、品牌经销店等真实环境下培养专业知识能力、实践操作能力和社会交往能力。

（二）人才培养方式

现代学徒制人才培养模式的推进需要校企双方在人才培养方式上达成共识。目前，校企协同培养在理念与实践上相比过去都有了质的提升，但人才培养的效率和质量却参差不齐，仍需要进一步探索。

在人才培养方案的制订上，多数以学校为主、行业企业参与制订；部分由学校牵头、以行业企业为主制订；一小部分没有通过校企沟通，直接采用现有的人才培养方案。学校与企业应分工协作，发挥自身优势。具体来说，学校应以专业基础知识、基本技能训练和通识教育为主，注重对学生基础的夯实和综合素养的培养；企业则侧重传授工作情境知识和相关岗位工作知识，培养学生的专业实践技能、职业素养及工作习惯，聚焦零距离上岗及职业生涯可持续发展。

在课程教学资源建设方面，大多为校企合作开发，极少数由学校独立开发。现代学徒制的实施带来了全新的课程设计理念与模式，学校依据职业技能等级标准、企业岗位需求对课程体系进行调整。调整后的课程体系采用模块化课程形式，一般分为基础模块、核心模块和企业模块三部分：基础模块包括公共课、专业基础课和专业技能课；核心模块主要为专业核心课程；企业模块则是根据企业技术特征和员工培训需要设置的特色课程，如企业特殊技术课程、企业文化课程等。一般而言，核心模块和企业模块由学校和企业共同确定。模块化课程具有很强的灵活性，课程实施主体可以根据需要增减模块。

在工学交替的形式上，大多采用由学校向企业渐进式过渡方式，鉴于校企地理位置、企业用工方式和生产周期、学校课程安排等诸多因素，不同的实践单位采用日、周、月、学期或学年等不同的周期进行学校学习和工作场所学习的交替。企业工作岗位的安排大多由校企共同协商，企业学徒计划通常按岗位层次或岗位类型进行设计，其设计依据主要是不同行业的岗位特征和人才培养目标。

（三）师资队伍建设

现代学徒制的师资队伍包括学校教师和企业师傅两部分。学校教师的选拔条件主要包括工作经验、学历程度、职称等级、技能等级等，也有骨干教师、专业带头人、技术能手等较为笼统的标准，对学校教师的过程性培养主要包括校本培训、政府培训、国际交流、高校进修等，但培养工作的系统性不强，且并未形成固化制度，缺乏对培养过程的管理和考评，随意性较大。此外，到目前为止，提出学校教师考核标准和学校教师津贴等激励政策的院校为数不多。

企业师傅多由企业指派，少数由学校指派，极少数由师徒互选。企业师傅的选拔条件主要包括技能等级、年龄、从业年限及业内评价等，部分实践单位会将师徒匹配度考虑在内，包括师傅之前指导学徒的经历、学徒的在校表现、师徒双方及学徒家长的意愿、师傅的教学风格和学徒的性格等。企业和学校开展的针对师傅的培训较少，尤其缺少关于学徒管理和教育教学方法提升的培训。

（四）管理与考核制度

《现代学徒制试点项目管理办法》《校企合作管理办法》《培训师及师带徒管理办法》《学分制教学管理办法》《现代学徒制质量监控实施方案》等文件内容虽在书面材料中有所提及，但在实际操作过程中，在教学质量监控、教学档案建立及学徒在学校学习、企业实习、岗位作业的学分积累和转换等方面少有细化和落实。

在考核方式上，部分由校企共同制定标准并共同实施考核，学校和企业对学生的考核结果具有同等作用；部分以企业或学校一方考核为主、另一方考核为辅；还有一小部分交由第三方机构进行考核。学校对学生在校表现的考核仍以传统的考核方式为主；企业对学徒的考核包括理论知识掌握情况、独立完成岗位任务情况、相关证书考取情况等，有时也会对学徒在团队合作中的表现进行考核，以考察其团队合作能力。一部分学校会对学徒培养质量进行过程性监控和评价，主要形式包括定期技能考核、随堂观摩、师带徒评比、学徒评教等。

（五）外部支持环境

从宏观层面来看，教育部与人社部在现代学徒制试点、培养模式、机制保障等方面出台了一系列制度，从政策制度、财政拨款、评优评先等方面为现代学徒制工作的开展与推进提供了一定的支持，对现代学徒制的本土化、现代学徒制的区域探索与推广给予鼓励，初步形成了现代学徒制试点与深入推进的战略布局。从社会环境来看，尽管近年来国家大力发展职业教育，宣传职业教育的重要性，提高技术技能人才的地位和待遇，但"学而优则仕""重普教、轻职教"的思想仍占主流，加之"学徒"二字的文化语境会让人将其与较低的身份地位相联系，故部分家长在对现代学徒制缺乏了解的情况下对其有先入为主的负面印象。

总之，现代学徒制的双身份、双导师、工学交替等特征有所显现，并取得了一定成效，为企业培养了一批急需的技术技能人才，也进一步提升了职业院校的人才培养质量。当前，在具体实施层面上，各利益相关主体还需要进一步磨合。

 二、我国现代学徒制发展存在的问题

现代学徒制作为一种更加深入的校企合作人才培养模式，有望助力职业院校在人才培养层面取得实质性突破。时至今日，虽有部分职业院校能真正地将其做实做深做细，在一定范围内获得了成功，但总体来看，并未取得理想的成效，存在的问题如下所述。

（一）企业参与积极性不足

企业是现代学徒制实施过程中最为重要的主体之一，其参与的积极性直接关系人才培养的质量。当前，企业的主体地位不够明显，企业主动寻找学校合作的情况非常少，在人才培养的设计、实施、评价中，学校的作用明显大过企业，许多企业仍处于"配合"学校完成工作的状态[①]。导致企业热情不高的因素诸多：一是人才培养方案的制订、课程设计、评价考核等都由学校主导，企业的话语权不足；二是学徒的实践活动不能在短期内为企业创造经济收益，也不能带来口碑等社会效益，有时甚至影响本就生产任务繁重的企业的常规化运行；三是企业需要支付给学徒一定的报酬，安排师傅带徒，提供培训和实践场所，承担日常管理和生产管理任务，前期投入较大；四是受以往出现过的学徒"违约"和"跑单"现象影响，企业付出大量成本所培养的优秀学徒能否留用是个未知数。本质上，企业作为营利机构要追求利益最大化，他们更愿意直接聘用那些可以

---

① 刘静慧、关晶：《我国"现代学徒制"实践的现状研究——基于 2004—2014 年公开文献的数据分析》，《职教论坛》2015 年第 25 期。

招之即用的人才，而不是将人力、物力、财力投入到在回报上具有不确定性和周期性的育人过程中。因此，现代学徒制对于部分企业而言不具有足够的吸引力。从职业教育的层面反思，我们总是站在职业院校的角度而不是校企双主体和双赢的角度来思考现代学徒制的开展，而企业作为营利主体，只有让他们拥有足够的掌控权并看到"赢"的前景才有参与的积极性。事实上，职业教育的发展不仅关乎教育的发展，也关乎产业和经济的发展，不能只从教育的角度考虑问题。现代学徒制也不只涉及职业院校的人才培养，还涉及企业的需求与利益。职业院校需要摆正位置，在培养企业所需人才的基础上，进一步给予企业科研和技术上的支持，为企业提供员工培训等便利条件，并减少学徒流失，降低企业投资风险，只有这样，才能吸引更多的企业参与其中，实现现代学徒制人才培养模式的可持续发展。

（二）课程体系匹配度不高

现代学徒制的实施需要以工作任务和岗位技能为主线进行课程开发与实施，当前的课程体系还不能满足现代学徒制人才培养要求。一方面，受理念、能力、资源等多种主客观因素的影响，当前职业院校的课程体系在目标设计、内容编排及教学实施过程中都存在一定的问题。一是不少职业院校的课程设计在形式上是基于项目和任务的模块化课程，对于职业标准要求的工作能力的课程转化问题尚无有效对策，因此如何在课程内容中渗透职业核心能力和职业素养要求这一根本性问题并未得到解决。二是未能及时跟进产业发展的新技术、企业生产服务的新工艺和新规范，没有将最新的知识、技能补充进教学内容。三是在课程实施中普通知识和技术知识、基础理论与实践技能操作的教学仍处于"一分为二"的状态。学生在学完学校课程后，不能很好地将所学内容迁移到工作过程中，也缺乏对于不同工作岗位的适应能力和应变能力，很难满足处于不断变革升级中的企业发展的现实需求。另一方面，当前职业院校的专业课程体系一般由公共基础课、专业基础课、专业技能课、毕业设计和顶岗实习环节组成，虽然构成了一个完整的体系，但内部模块拼凑痕迹明显，尤其是对专业基础课和专业技能课的安排缺乏系统性。主要体现在课程内容前后衔接的逻辑性不强，导致知识内容碎片化、知识结构割裂化，甚至出现不同课程之间教学内容重复或知识点无效叠加等现象。无论是基于知识技能的学习规律，还是从学生学完课程后获得技能等级证书的角度考虑，课程内容的编排都应按梯级逐步推进，以螺旋式上升的形式呈现。但当前课程体系下的教学内容未能形成梯度化，对知识覆盖的宽度和深度没有进行充分的科学论证，存在缺乏系统性、层级性的结构性缺陷。综上，现有课程体系与现代学徒制人才培养的要求不相匹配，有待校企双方共同研究开发新的课程体系，但现实情况是，新课程体系的设计开发需要耗费大量的精力和财力，企业的参与热情不高，故基于现代学徒制人才培养的课程重构难以推进。

（三）师资队伍建设力度不够

双导师队伍在现代学徒制实施过程中承担着人才培养的重任，遴选企业师傅和培养学校教师是师资队伍建设的重要工作。在师资方面，学校教师缺乏企业工作经验，虽可以胜任传授理论知识的工作，但在实践操作方面指导经验不足。此外，学校对于导师的管理与激励机制不够完善，缺乏将教师在企业的实践工作量进行转换认定的标准，导师在指导学徒时增加了教学工作量和培训量，付出了额外的劳动，却得不到相应的津贴奖励，难免会丧失积极性。近年来，教育行政部门及学校都十分重视双师型教师队伍的建设，职业院校双师型教师的比例有了一定程度的提升，但在认定与考核评价、后续专业技能培养等方面仍有待提高。事实上，师资队伍建设不仅是现代学徒制实施过程中的短板，也是职业院校教育教学亟待提升的环节。

在企业师傅的遴选方面，大多数企业对于师傅的资质提出了一定的要求，但这些要求都较为笼统，针对性和可操作性不强。虽然企业师傅大多具有相当的技术技能水平和实践经验，但这并不意味着他们能把这些技术和经验清楚准确地传授给学生，让学生听得懂、学得会，即在教学技巧和经验方面还有所欠缺。此外，由于企业并未建立关于现代学徒制的权威性制度，对于师傅的遴选和管理不够规范，有时甚至流于形式，故大多数企业师傅只将指导学徒作为一项附属性任务，认同自身企业员工的身份，对教育者的身份认知不强。同时，企业师傅主要依靠自身的责任意识对学徒进行指导，没有统一的标准规范可以遵循，这在一定程度上也影响学徒的培养效果。当前，针对企业师傅的培训较少，企业师傅缺乏提升教学方法的渠道。对于企业师傅的相关激励机制也不够完善，虽给予承担学徒培养的师傅合理的经济报酬，但鲜有对职业晋升、社会声誉等方面的制度性支持，即没有将学徒训练成效与企业师傅职业生涯发展紧密结合起来。

基于现代学徒制的校企师资名义上是双导师团队，但团队的凝聚力和整合性不强，因职业背景不同，学校教师和企业师傅在教育理念和管理风格上难免会存在差异，校企双方导师之间缺乏足够的沟通与协调，多是"各自为政"，甚至"互相推诿"，因而学徒的教学环节存在割裂或重复学习现象，学生的管理也面临很大的隐患。

（四）教学管理与评价科学性不强

相比于部分西方发达国家所建立的科学、规范的柔性评价管理制度，我国在现代学徒制的管理方面仍然任重道远。一方面，现代学徒制优势的显现必须基于办学过程的灵活性和学徒双重身份的落实，但从现实情况来看，无论是体现办学灵活性的弹性学制和学分制，还是保障学徒双重身份的双证书的衔接，均存在落实不到位的现象。大多数职业院校并未真正实行弹性学制和学分制，仍采用统一的三年学制。但不同行业的发展规律和人才特性对学徒培养工学交替在时段和时限上的要求不尽相同，尤其对于那些变化快、流动性大、对人才培养有时效要求的行业及工作岗位而言，以累积学分制取代学年制，让学徒拥有更高的自主性，在保证学习质量的前提下缩短学习周期，才能更好地适应市场需求。

在双证书衔接工作方面，目前也未有实质性突破。在多项职业资格证书相继被取消和 1+X 证书制度推行的背景下，"学历证书+职业资格证书"将逐渐演变成"学历证书+职业技能等级证书"。由于国家学分银行制度尚待完善，无论是职业资格证书还是职业技能等级证书，都无法与学历证书实现"双证融通"，学徒仍需参加另行组织的考试才能获得相应的职业资格证书或职业技能等级证书，现代学徒制变得与其他人才培养模式并无二致，其优势被埋没。

科学合理的考评体系是检验现代学徒制人才培养质量的试金石。学校与企业有必要共同商讨确立一个关于学徒考核评价的准则，但大多数的校企合作都缺失这一准则，在具体的实施过程中处于无章可循的状态。校企联合制定的标准和考核体系并未经过信效度验证，第三方评价引入不足，其科学性和有效性有待商榷。评价考核缺乏规范性和权威性，导致培养过程存在随意性，学徒培养质量难以保障。从职业院校的角度看，一旦将学生送入企业当学徒就相当于卸下了担子，无须再多操心，学生在企业期间的表现多以企业出具的证明为依据。从企业的角度看，考核评价应是学校负责的工作，企业只需采取和普通员工同样的考核评价方式考评学徒即可，这导致学徒在整个现代学徒制人才培养过程中的综合表现缺乏科学全面的考评体系。

三、我国现代学徒制发展的影响因素

现代学徒制的开展涉及多元主体，宏观层面的政策支撑，职业院校、企业和学徒自身的参与意愿等都是影响现代学徒制发展的重要因素。

（一）外部环境性因素

1. 制度不到位，缺乏实施细则和配套管理办法

政策的支持和投入对于现代学徒制的开展具有重要的推动和保障作用。从国家层面来看，近年来国家对现代学徒制试点工作重视程度较高，先后出台了多项政策，都是导向性和建议性的措施[1]。这些政策为现代学徒制的试点运行提供了宏观层面的布局和指导，但在具体实施层面上还表现出一些问题。

第一，相关法律法规制度不到位。现有《职业教育法》《劳动法》中的条款对现代学徒制的阐述相对滞后，实施意见主要存在于教育

---

① 曾元源、胡海祥：《现代学徒制实施的三维透视：困境、表现及策略——基于四所院校的调研分析》，《江西理工大学学报》2017 年第 6 期。

部门发布的政策性文件中，相关内容仅仅是"意见"，这些"意见"不同于法律法规，没有强制性作用①。例如，对双元育人主体职责、企业责任与义务、师傅职责和待遇等的表述都是建议性的；对学徒的法律身份问题缺乏明确规定，学徒的社会地位、薪酬福利、保险安全等基本无法保障。从职业教育发达国家的经验来看，完善的法律法规是推进职业教育、校企合作和现代学徒制发展的利器。德国联邦政府于 1969 年制定了《联邦职业教育法》，以法律条文明确了双元制职业教育模式，并明确了企业参与职业教育的权利、义务及应承担的法律责任，1981 年正式颁布了《职业教育促进法》，2005 年颁布了重新修订的《新联邦职业教育法》，在本就相对成熟的法律体系的基础上不断完善；美国于 1963 年颁布了《职业教育法案》，以法律形式规范职业教育中企业的参与行为；澳大利亚于 1990 年颁布了《培训保障法》，明确企业在职业教育中的地位、作用和权责，激发了企业的参与热情②。

第二，缺乏详细具体、操作性强的实施细则和配套管理办法。例如，在校企深度合作的职权、义务、违约责任等方面，建议较多，规定较少；在调动企业参与意愿方面，激励和约束机制不到位；在企业师傅的任职资格、职责范围、薪酬待遇、培训考核等方面，规定较为模糊。现代学徒制的推进需要不同的政府职能部门协同合作，突破单一领域的局限性，在教育制度、人社制度、财税制度等方面有机协调。除了需要国家出台相关制度和实施方案，还需要地方政府结合当地实际推出具有地方特色的实施意见和细则。由于我国现代学徒制的探索时间并不长，在支持环境和文化氛围方面也不成熟，

① 曾元源、胡海祥：《现代学徒制实施的制约因素及制度对策》，《职业技术教育》2017 年第 7 期。
② 孙君辉、徐坚、齐守泉：《现代学徒制中企业参与动力影响因素的实证研究》，《中国职业技术教育》2018 年第 30 期。

企业参与的意识和责任感不强，因此需要从外部推进，给予现代学徒制企业财政补贴或税收减免等激励政策。但目前来看，政府的支持力度有限，方式较少，明确的经费保障尤显不足。

2. 招生、就业政策限制多，对现代学徒制发展构成阻碍

第一，现行的招生政策对户籍、学历等限制较多。现代学徒制除了可以招收应往届初高中毕业生，还应允许招收企业员工，目前只有具备高考资格的员工才能以社会青年的资格报考，而那些具有企业工作经验、但学历不够条件的员工却无法报考。同样，招生政策对户籍的要求也给一些外来人口流入多的省市推行现代学徒制带来不便。

第二，现代学徒制要求招生录取和企业用工一体化。职业院校招收的学生具有企业准员工和职业院校学生双重身份，根据《劳动法》要求，用人单位禁止使用童工。如果中职学校实行现代学徒制，因为招收的应届初中毕业生很多年龄没有超过 16 岁，就存在用人单位违法用工的问题；即使是高职学校招收的高中毕业生，大部分学生入校时年龄也在 16~18 周岁，也属于未成年工范围。对于这些未成年工，《劳动法》在工种、劳动强度等方面均有特殊要求。尽管这些未成年工与成年工在工作上有所区别，但实际上用人单位为了避免不必要的风险，会对现代学徒制保持回避的态度。

3. 国家职业资格认证与教学标准不匹配，职业教育体系缺陷导致升学路径狭窄

德国、英国、澳大利亚等西方发达国家在大力开展现代学徒制的同时，建立了完善的国家资格认证框架体系。可以说，科学系统的专业教学标准及相应的认证体系不仅关乎现代学徒制的发展，更关乎整个职业教育的改革与发展。2012 年，我国颁布了《高等职业

学校专业教学标准（试行）》，制定了 410 个专业基本教学标准，对提升教学基本建设、提高教育教学质量起到了重要作用，但在数量和种类上还远远不够，缺乏全覆盖的专业教学标准体系和监督体系。目前，人力资源和社会保障部依据职业分类确定实行就业准入的职业目录，在数量上与专业教学标准不对应，职业认证体系与专业教学标准分属两个不同的体系和范畴，职业培训、教学内容、考核方式、结果评价等各方面的衔接都有待完善。

此外，目前国内还缺少职业层次的本科教育体系，学徒毕业后一般获得中专或大专学历，升学路径狭窄。研究生学位主要包括学术学位和专业学位两种，其中学术学位占主要位置，这与我国的国民经济发展并不适应，专业学位在部分高校形同虚设，其培养方式和评价方式依然遵照学术体系培养模式，没有落实专业学位的真正意义。在面向职业院校的升学考试中，文化知识与专业理论考核仍占很大比重，专业技能考核所占比重偏低，这种考试制度很难使学徒专注于职业技能的学习[1]。因此，有必要以较大的比重考核专业技能，形成专门的技能型本硕博培养体系，与学术型培养体系分开或并行，建立技能型与学术型学历体系互认的"立交桥"。如此一来，无论是现代学徒还是其他普通学生，都将因此获得更多、更好的成才机会。

（二）内部动力性因素

1. 企业惯性逐利，忽视教育的公益属性

企业逐利与教育公益的矛盾是一直存在于校企合作中的一道难

---

① 王艳霞：《河北省现代学徒制人才培养的困境与对策》，《劳动保障世界》2018 年第 26 期。

题，现代学徒制作为一种深入的校企合作人才培养模式更难逃其制约。企业以追求利润为目标，在等价交换、优胜劣汰的市场机制中生存，而教育事业强调社会效益，处于非竞争性的机制中。职业院校是公共教育事业的有机组成部分之一，着眼于"人"的培养，担负着为社会经济发展提供技术技能人才支撑的责任。从校企合作的角度看，企业的目的在于获得人力资源，提升市场竞争力，从而更好地盈利；院校的目的在于更好地利用企业资源，对接企业需求，以提升人才培养质量。两者在合作中的矛盾与冲突主要体现在：企业看重时效和实效，期望在短期内看到经济效益，但人才培养具有长周期性、延迟性和内隐性，企业投入的显性的人力资源成本短期内远大于投资收益。企业作为社会组织虽肩负着不可推卸的社会责任，但若合作是迫于外部压力或没有达成基本的共识，则企业很可能处于消极应付的状态，甚至产生直面的冲突。在现代学徒制人才培养模式下，利益主体更加多元，主体间的矛盾与冲突有增无减。究其原因，企业只愿用人，而不愿培养人。市场主体与教育主体属性的异质性是一道天然的鸿沟，不能要求某一方妥协改变其价值追求和行动取向，唯有通过双方的磨合实现价值认同，再以规范和契约为约束，才能使双方从合作中获得理想的收益和成效，以协调的方式来跨越鸿沟。

此外，过度自由的人才市场也制约着校企合作。用工需求是企业的最大利益点，对企业而言，参与现代学徒制人才培养的目的主要是获取人力资源回报，如果可以直接从劳动力市场招聘到想要的人才，便无须自己花力气去培养人才，实力强的企业大多提倡"天下人才尽用之"，这彰显了开放的态度，但同时也成为实施现代学徒制的重大阻力。在完全自由的劳动力市场中，对师傅而言，自己亲手带的学徒有可能在今后成为自己的直接竞争对手，因此，师傅不会心甘情愿地向学徒传授技术绝活，只会传授一些基本技能，这很难达到现代学徒制人才培养的目的。对学徒而言，就业市场呈高流动性，他们会对自己是否有必要积累精湛的技术技能持犹豫态度，很难有定力去钻研某一项技能。

2. 行业组织自身力量薄弱，作用发挥有限

当前，现代学徒制的实践大多局限于校企层面，很少有行业组织参与，这不仅与现代学徒制探索时间不长有关，也与我国行业组织自身力量薄弱有关[①]。总结职业教育发达国家的经验，不难发现，行业组织是现代学徒制办出特色的保障。以澳大利亚为例，代表学徒的工会和代表雇主的行业协会都有明确而系统的分工，他们能够根据市场需求时刻变更学徒制课程，并不断关注和解决矛盾与纠纷，推动岗位培训和技术教育有机结合。实施现代学徒制需要行业组织的积极支持与配合，行业组织能够为校企合作提供系统、高效、及时的信息服务，依靠某种关系将分散而独立的企业联系在一起，通过合作的管理机制对市场和企业进行管理。当政府法律不健全时，行业组织可以利用行业规范约束各方主体的行为；当企业有需求和意见时，行业组织可以通过分析和研究向政府提供及时的法规参考。可见，行业组织是介于政府、企业、学校之间，服务生产者与经营者的起监督、公正、自律、协调作用的中介机构，现代学徒制充分发挥作用的前提在于行业组织能够积极参与到校企合作和工学交替的各个层面中。目前，尽管教育部会同各行业组成了行业指导委员会，但总体而言，行业组织对企业的引领和约束作用并不明显。此外，行业组织通过调研获取的信息也没有很好地与职业院校及企业共享，与职业院校和企业缺乏交流的平台与机会。在促进校企合作

---

① 刘静慧、关晶：《我国"现代学徒制"实践的现状研究——基于 2004—2014 年公开文献的数据分析》，《职教论坛》2015 年第 25 期。

方面，行业组织主要通过行政措施和设立合作项目等手段来创造校企合作机会，由于行业组织的行为不具有法律约束力，职业院校和相关企业也仅凭自身意愿决定是否合作，故无法从人才培养、社会发展等方面深层次考虑校企合作所带来的长期效益。行业组织在规范各行业领域的职业资格标准上也存在很大的上升空间，职业资格标准的认可度和制度化需要进一步加强。现有的职业资格标准分类繁多、内容冗杂，同类的职业资格标准在各地有不同的执行条件，互不相认，这导致职业资格标准的含金量与社会认可度较低，不利于行业职业资格标准、企业岗位就业资格及职业院校培养目标的统一，使现代学徒制的优势难以施展。

3. 投入成本与教育收益不对等，院校动力不足

职业教育"跨越企业与学校割裂的桎梏""跨越工作与学习分离的藩篱""跨越职业与教育脱节的鸿沟"的跨界属性，在人才培养过程中需通过校企合作、实训基地建设、双师型教师培养来实现，而校企合作平台的搭建、实训设备的购置、师资水平的提升都需要花费较大的成本。就此而言，相较于其他教育类型，职业教育的投入成本更高。综观当前职业教育的社会收益，受传统印象影响，职业教育的社会认可度不高，并未实现真正意义上的"香起来""亮起来"，人们眼中的技术技能人才属于蓝领或灰领阶层，与理想中的精英人才相去甚远，家长普遍不愿意将子女送到职业院校就读，职业教育仍然是家长无奈的选择。此外，当前对于现代学徒制的宣传还不够到位，在学校、企业不同场所进行半工半读、工学交替的人才培养模式被很多家长认为是学院不负责的表现，对此持不认可、不放心的态度。从个人收益来看，学徒在学习上所付出的额外努力，尤其是工匠精神等内在品质的培养，既没有固定的外在衡量标准，也无法在短期内充分展现。可见，在固有的功利化衡量模式下，职业教

育的投入成本与收益明显不对等。教育主体不同于市场主体，但也会考量"投入"与"回报"。现代学徒制给人才培养模式和课程体系改革提出了更高的要求，难度系数的升级及当前教育资源的结构性短缺，必将导致投入成本进一步提高，而收益却暂未可知，两者之间的落差是现代学徒制实施动力不足的原因所在。

4. 培养要求高且过程复杂，学生存在畏难情绪

随着时代的发展，行业企业对技能人才的要求已不同于以往。高技能人才不仅要具备扎实的专业理论知识、操作技能和技术经验，而且要对相关领域做到触类旁通，能将常规性工作做到极致，有能力通过融合多元的知识和技能解决复杂的问题。高技能人才对知识的掌握程度由"理解、运用"上升为"内化、综合、创新"，其成长需要更长时间的历练。从高技能人才需求和成长规律来看，现行的培养模式难以支撑其成长成才。职业院校的学生在抽象的理论知识学习方面并不擅长，故在实践教学和实习实训中充分体悟是实现知识内化、综合、创新的最佳机会。但当前职业院校在实践教学条件、师资力量上的捉襟见肘，对职业素养培养的耐性缺乏，在工学结合、校企合作人才培养层面上的浅尝辄止，并不能为学生提供良好的平台与机会。就此而言，现代学徒制是对人才需求变化的顺应和对职业院校单方面培养人才存在缺陷的填补，相比于其他人才培养模式，其培养过程更复杂，要求更高。此外，很多学生长期受到父母的庇护，对往返于学校与企业之间交替学习的方式极不适应，而且企业里的师徒关系、同事关系比学校里的同学关系、师生关系要复杂，学生从心底里不愿意成为现代学徒。更让学生心里不平衡的是，作为同一所职业院校就读的学生，普通学生通过学校考核便能拿到文凭，而现代学徒却需要通过学校和企业的双重考核才能拿到文凭。除了因学生自身的眼界不宽而产生的畏难情绪，长期以来的社会价

值导向也影响着学生的心态和决定。传统"重道轻器"的价值取向根深蒂固，"重普教、轻职教"和"重理论、轻应用"的思想在全社会仍占主流地位，公众普遍认为职业教育是次等教育。有些学生和家长对职业教育的定位并不明确，对现代学徒制缺乏深刻的了解，认为职业教育就是普通教育的弱化版，职业院校学生也要像本科院校学生一样在课堂上听课，一旦到企业"做事"就脱离了教育的本质，对现代学徒制的实施存在抵触情绪。因此，要进一步发展和推广现代学徒制，不仅要改变学生的心态，还要从更广的范围上扭转社会观念和风气，让作为类型教育的职业教育深入人心。

第六章

现代学徒制的国际比较与借鉴

在职业教育发达国家，现代学徒制已发展成为一种重要且成熟的人才培养模式。了解并分析其人才培养模式，借鉴其成功经验，可以为我国现代学徒制的研究与实践提供发展思路，有助于我国现代学徒制的顺利实施。

 一、德国的现代学徒制

现代学徒制是将传统学徒制和现代职业教育相结合的一种培训模式，是对传统学徒制的继承与发展[①]。德国现代学徒制的发展主要

---

① 吕凤亚，张瑞芳：《论德国现代学徒制及其对我国的启示》，《劳动保障世界》2019年第 11 期。

经历了三个阶段。第一个阶段被称为"行会学徒制"阶段。在 14～15 世纪，德国城市手工业发展迅速，逐渐取代农村手工业，行会相继成立。为了规范行会管理，行会建立并不断完善行会制度，这使得学徒制从家庭过渡到社会，行会培养学徒成为当时主流的培训模式。第二个阶段是工厂学徒制阶段。随着工业革命的推进，制造业开始崛起，大型制造业企业开始组织员工进行内部培训，进而形成工厂学徒制。值得一提的是，德国在 1908 年成立了技术学校委员会，学徒制得到国家的支持，从而迅速发展。第三个阶段是现代学徒制阶段。1969 年，德国颁布《职业教育法》，以立法的形式保障现代学徒制的实施，德国的"双元制"也正式确立[①]。

（一）德国现代学徒制的职业教育模式

德国的教育体系由五部分组成，分别是基础教育层级、第二级初阶（包括职业预校、实科中学、文理中学三个类别）、第二级进阶、第三级高等教育（包括传统大学、技术学院、科技大学等）和衍生教育（包括学校教育体制以外的教育范畴，以及非制式规定的、私人性的、职业性的继续教育）。由此可见，德国的职业教育几乎渗透到了德国教育的每一个阶段。德国培养人才主要有两条路径，第一条是小学—文理中学—大学，这是一条直接升学的道路，它培养的是从事科学研究和基础理论研究的人员；第二条是小学—主体中学或实科中学—职业学校，这是一条直接就业的道路。可见，职业教育在整个德国教育体系中占据着重要地位。目前，德国约有 40% 的适龄青年进入大学深造，那些不能或不愿上大学的青年则去接受不

---

① 关晶：《西方学徒制研究——兼论对我国职业教育的借鉴》，博士学位论文，华东师范大学教育科学学院，2010，第 59 页。

同形式的职业教育，其中以接受"双元制"职业培训为主（约为 70%），这些人是德国技术工人的主要来源。"双元制"职业教育模式被外界誉为德国战后经济腾飞的秘密武器，是德国职业教育的基本形式。

德国的"双元制"职业教育模式被定义为现代学徒制，以区别于传统学徒制。德国的"双元制"职业教育模式是德国职业教育的范式，由政府牵头，依据德国《职业教育法》，采用有效的教育管理模式和考核模式，由企业和学校共同培养人才。企业作为培训主体，全过程参与人才培养，是一种与经济界联系最紧密、对学生就业有着最直接影响的教育环节[①]。

在运行模式上，德国"双元制"职业教育模式以《职业教育法》和《州立学校法》为法律基础，政府建立职业教育模式的规范框架，并授权给参与职业教育模式运行的各利益相关者（企业、行业协会、工商会）；面向社会上的所有人开放"双元制"职业教育的入学机会；由公立职业院校和企业培养人才，由行业协会确保人才培养质量，人才进入工作岗位就职需要工商会颁发相应的职业资格证书。

在管理模式上，采取联邦政府、州政府、地区行业协会为主体的三级管理体制，其中联邦政府、州政府在宏观上进行全面规划、法律保障等管控；地区行业协会对学徒进行考核评价，学徒必须通过考核才能拿到职业资格证书，进入职业岗位[②]。

在培养经费上，企业承担人才培养经费的近三分之二，主要包括教学管理费用、学徒的津贴福利和教员的工资福利等；职业学校承担约三分之一的人才培养经费，这些费用由联邦政府或州政府划拨。

---

① 张爱菊、李子成、刘佳：《德国"双元制"职业教育运行模式及借鉴》，《石家庄铁路职业技术学院学报》，2020 年第 1 期。

② 顾月琴：《传统与现代：学徒制的发展历程与比较》，《中国职业技术教育》，2018 年第 9 期。

在培养过程上，学生与企业签订学徒合同，获得学徒身份，在职业学校注册，获得学生身份；企业和职业学校根据相应的法律和行业规范一同制订教学内容，职业学校向学生传授社会学、法律学等学科知识和与其职业相关的理论知识，企业按照相关条例开展实践培训，学徒在真实的工作环境中承担相应的职责，在为企业创造收益的同时，自己也可以获得一定的津贴报酬。

在教学模式上，以企业实践为主，将企业实践和职业学校的理论教学相结合。学制一般为 2～3.5 年（根据专业不同，学制年限有所不同；大部分专业的学制为 3 年，小部分专业为 2 年或 3.5 年），学生在职业学校和企业两个教学场所交替学习，其中约 70%的时间在企业，约 30%的时间在职业学校。

在考核评价上，主要包括形成性考核和终结性考核。形成性考核是指在学生培养过程中设置的各学习课程、培训领域等的平时考核和课程考核，以及由工商会统一组织的中期考试；终结性考核是指由企业、雇员、职业学校教师组成的考试委员会组织的 IHK 结业考试。终结性考核将对学生进行全面评估并划分等级，为通过考核的学生颁发全国范围内认可的职业资格证书。

（二）德国现代学徒制的特点

1. 权威完善的法律

德国"双元制"职业教育模式以联邦政府颁布的《职业教育法》和州政府颁布的《州立学校法》为法律基础。政府制定规范的"双元制"职业教育法律框架，并对德国几乎所有职业的培训年限、培训大纲、培训内容及考核要求等进行规定。整个"双元制"职业教育模式的实施过程都有法律可以遵循，法律明确了校企双方在人才培养过程中的义务和权利，保障"双元制"职业教育模式的顺利实施及实施效果。

2. 双主体培育双角色

"双元制"职业教育模式的教学过程是在企业和职业学校两个不同的机构进行的，企业作为实践培训的主体，职业学校作为专业课程理论教学的主体，理实结合，既让学生在企业学习最新技术，又让学生在职业学校学习基础理论，培养职业精神。同时，学生拥有双重身份，一种身份是职业学校的学生，要接受政府规定的理论学习；另一种身份是企业的学徒，是企业的准员工[①]。

3. 四个"全国统一"

德国的所有职业均由联邦政府统一制定职业标准，全国统一进行师资水平考核，"双元制"职业教育的终结性考核是由行业协会组建的考试委员会组织的全国统考，学生通过考核后由行业协会颁发全国认可的职业资格证书。

4. 多元参与主体

在德国"双元制"人才培养过程中，有五方利益相关者参与，分别是联邦政府（包括国家职业教育所、教育与文化事务部、联邦教育与研究部）、州政府、企业、职业学校和行业协会。他们的身份分别是建议者、决策者、管理者、实施者和评价者，多方合力，保障"双元制"职业教育模式实施的广度、深度和效度。

---

① 黄镇财：《德国双元制人才培养模式本土化探索与实践》，《教育观察》，2018年第10期。

5. 稳定的职教师资

"双元制"职业教育模式下的教师（包括职业学校教师和企业培训教师）需通过全国统一的师资水平考试后方能担任，入职前，还需经过职前企业实践、职前见习、职前二次考试等程序。德国设有教师专职培训机构，并颁布了《教师培养教育法》来保障教师的职业培训。职业学校的教师可以享受国家公务员待遇，专业课教师经过专业学习和专业实习，在通过第二次国家考试后，可以获得高级教师资格；实践课教师经过 2 年的进修学习，在通过全国考试后可以获得中级公务员教师资格。

（三）德国"双元制"职业教育模式的本土化分析

1. 加强顶层设计，完善法律保障

自 1996 年颁布《中华人民共和国职业教育法》以来，我国的职业教育发展较快，但缺乏相关配套政策，已经不能适应职业教育改革发展的新形势、新任务、新要求，迫切需要予以修订。2019 年 12 月，教育部发布《中华人民共和国职业教育法修订草案（征求意见稿）》，面向社会公开征求意见。征求意见稿提出"国家鼓励职业教育领域的国际交流与合作，支持引进境外优质职业教育资源""建立职业教育国家学分银行，推进职业教育各类学习成果的认定、积累和转换""国家推行学徒制度，鼓励有技术技能人才培养能力的企业设立学徒岗位"等。基于此，各省、各地区需及时出台配套落实政策。此外，政府要组建科学、权威的专家指导团队，通过指导、建议、商讨等方式保障现代学徒制的实施质量。

2. 完善职业分类，规范资格认证

根据市场现状，对工种进行梳理，对职业进行分类，通过调研、研讨制订框架性培养方案，明确规定各职业的名称、培训年限、培训主体、培训目标、培训内容及考核要求，将其作为现代学徒制人才培养的纲领性文件。同时，要规范职业资格认证体系，首先，要严格职业资格准入机制，规范企业用工标准，这可以提升企业参与现代学徒制人才培养的积极性；其次，要统一职业标准，推行全国统一的职业资格（技能等级）证书，完善职业技能等级考核体系；最后，要打通各职业的职称晋升通道，吸引更多优秀的技术技能人才参与现代学徒制，为现代学徒制人才培养增加砝码。

3. 提升企业参与度，深化多方联盟

我国现代学徒制的主要参与方是学校、企业和学生，而在培养过程中则以职业学校为主，企业的参与度不高。现代学徒制旨在培养高素质的技术技能人才，理论教育与技能培训应该是并重的，要吸引更多优质企业参与现代学徒制人才培养，只有校企合作，才能培养出满足企业需求的高素质技术技能人才。同时，在评价机制上，要深化多方联盟，建立区域统一的权威评价机制。政府要组建由企业、职业学校、行业协会等组成的评价考核组织，对现代学徒制人才培养进行过程性考核和终结性考核，使现代学徒制的人才培养质量满足市场要求。

 二、瑞士的现代学徒制

瑞士是一个人口仅有 800 万、自然资源较为匮乏的内陆国家，但瑞士的国际竞争力总排名始终位居全球前列，也是世界上六大职

业教育发达国家之一①。瑞士的职业教育发展经验，尤其是其对德国"双元制"职业教育模式的批判性继承，对于我国现代学徒制的发展具有极大的启示意义。

（一）瑞士现代学徒制的历史脉络和运行机制

1. 瑞士现代学徒制的历史脉络

以师徒为纽带的社会性关系是瑞士学徒制的雏形。11 世纪末，瑞士学徒制从以手工作坊为中心的人才培养形态转变为以手工业协会为核心的学徒制体系，这一时期，手工业行会成为学徒制的监管机构。随着机器大工业时代的到来，传统的手工作坊被大型手工工场所取代，以师徒为纽带的社会性关系逐渐转变为雇佣关系，同时，劳动力市场对学徒的需求大大减少。

第二次世界大战时期，瑞士宣布成为"永久武装中立国"，战争并没有影响瑞士的工业发展，反而保留了其工业基础，新兴产业门类的增加使得瑞士急需大量高水平技术工人，瑞士的职业教育学徒制得以复苏。19 世纪 80 年代，瑞士联邦政府开始重视职业教育，并为职业培训提供经费。1930 年，瑞士的第一部职业教育法诞生，随后，瑞士在对德国"双元制"职业教育模式进行批判性继承的基础上，建立了本国的"双元制"学徒培训制度②。此后，瑞士又通过取长补短，充分吸收法国和意大利"学校职业教育"模式的优点，

---

① Schmid，Evi：《Apprenticeship Contract Termination and Dropout from VET：a Comparison of Educational-political Challenges and Strategies in Norway and Switzerland》，《Revista Española de Educación Comparada》，2017（29）.

② 方绪军：《瑞士职业教育现代学徒制的历史脉络、本土特色以及启示》，《教育与职业》，2018 年第 5 期。

结合本国的职业教育发展特征，形成了独具瑞士特色的现代学徒制
——"三元制"职业教育模式。

2. 瑞士"三元制"职业教育模式的运行机制

所谓"三元制"职业教育模式，是指在整个职业教育过程中，由联邦政府、州政府和行业组织进行教学监管；由职业学校、企业和培训中心三个机构进行教学的一种职业教育模式。瑞士的"三元制"职业教育模式旨在培养多元化、多技能、全面发展的新时代技术技能人才[1]。

在管理机制上，"三元制"职业教育模式的实施由联邦政府、州政府和行业组织进行监管。联邦政府主要进行全局性的战略发展与管理，州政府主要对现代学徒制的实施与过程进行监管，行业组织主要进行现代学徒制的具体实施。

在学徒准入资格上，只有年满15周岁、已经接受过9年义务教育，并且与企业签订了学徒培养合同，成为符合《瑞士联邦职业教育法》规定的学徒，才有资格接受"三元制"职业教育模式培训。上述规定只是基本条件，在满足基本条件后，学徒需提交申请材料，由企业组织遴选，通过求职面试和试用期评估之后，方能参加职业培训。在瑞士，大约三分之二的学生在九年义务教育后参加现代学徒制[2]。

在学制上，学生的学习年限根据专业不同而有所不同，一般为2~4年（大部分为3~4年）；学生每周有1~2天的时间在职业学校学习普通文化知识和专业理论；剩下的时间在企业或培训中心进行专业实践。两年制的学生只能获得职业教育与培训证书，3~4年制

---

① 门超：《人才培养视阈下瑞士现代学徒制的历史脉络、经验考量及启示》，《南宁职业技术学院学报》，2019年第1期。

② 徐峰、石伟平：《瑞士现代学徒制的运行机制、发展趋势及经验启示》，《职教论坛》，2019年第3期。

的学生可以获得联邦职业教育与培训文凭，直接升入高等专业学校继续深造①。

在教学运行机制上，"三元制"职业教育模式在政府干预、行业组织参与、职业学校组织下开展教学工作。按照教学场所不同，课程分为职业学校课程、企业实践课程和行业课程。职业学校主要负责教授普通文化知识和专业理论知识，并注重培养学生的社交能力和自主学习能力；企业主要负责岗位对接和专业实践，并注重培养学生的职业能力；行业组织主要弥补职业学校课程和实践课程的不足，传授本行业内的通用知识技能，并注重培养学生的就业竞争力。在整个教学过程中，三项教学课程要实现衔接和互补。

在培养经费上，瑞士现代学徒制的经费主要有三个来源：公共经费、行业经费、职业教育基金。公共经费主要由联邦政府和州政府承担，用于职业教育相关活动、职业学校运行、专业课程实施和职业资格认证四个方面。行业经费由行业组织提供，用于企业教师的酬劳、实习实训基础性设备设施采购、行业培训举办等方面。职业教育基金是激励企业参与现代学徒制的奖励基金，用于保护参与企业的合法利益②。

（二）瑞士现代学徒制的特点

1. 健全的法律保障体系

瑞士联邦政府高度重视学徒培养，出台了一系列法律法规，以

---

① 贾文胜、梁宁森：《瑞士现代学徒制"三元"协作运行机制的经验及启示》，《职教论坛》，2015 年第 25 期。
② 田英玲：《瑞士现代学徒制"三方协作"研究》，硕士学位论文，沈阳师范大学教育科学学院，2014，第 23 页。

保障现代学徒制的顺利运行。2004 年出台的《职业教育法》明确规定了瑞士职业教育研究及学徒制实施的细节，充分保证了瑞士职业教育在稳定的法律框架下运行，相关从业人员从事职业教育教学、研究也有法可依。另外，政府还制定了一系列法律，以确保完成学徒制的学徒能够找到合适的工作，保证职业教育稳定、持续、有效地发展①。

2. 严格的学徒准入制度

瑞士对于学徒制的人才培养规格有着非常严格的要求，在学徒准入方面制定了严格的学徒申请和遴选制度，且具有充分的法律保障。瑞士有 60%的适龄青年选择学徒培训，成为学徒要经过一系列的程序。第一，要满足年满15 周岁且已经接受过 9 年义务教育的基本条件，方能与企业签订学徒培训合同，签订合同后到相关部门备案，成为合法的学徒。第二，只有递交申请材料，才能进行求职面试及进入后期的试用期评估环节②。

3. "三元"协作教学机制

瑞士在学习职业教育发达国家的现代学徒制优点的基础上，结合本国国情，探索出"三元"协作教学机制的现代学徒制特色之路。"三元"是指职业学校、企业和培训中心，职业学校是现代学徒制实施的主体单位，主要负责教授基础性文化知识和专业领域的理论知识；企业主要负责实践课程的教学和职业岗位所需职业能力的培养，瑞士现代学徒制的特色之一是可以由一家企业或多家企业联合开展

---

① 吴传刚、石瑞敏、马莉：《瑞士现代学徒制的机制分析与经验借鉴》，《黑龙江高教研究》，2018 年第 1 期。

② 门超：《人才培养视阈下瑞士现代学徒制的历史脉络、经验考量及启示》，《南宁职业技术学院学报》，2019 年第 1 期。

培训；培训中心主要负责教授本行业内的通用知识和技能，提升学生适应社会的能力。三方协作，相互衔接，互为补充，在每个实施阶段都有相应的法律条例对三方的责任与义务进行界定，以保障现代学徒制的有效运行①。

4. 有效的沟通协调机制

瑞士联邦政府搭建了从国家到地方的协调沟通平台，以保证现代学徒制的顺利实施，实现各参与主体的利益诉求。在法律制定上，联邦政府和州政府都会邀请专业组织参与法律制定，专业组织包括企业、行业协会和其他职业教育机构等，多方参与，以明晰各方权责。此外，在政策制定上同样采取多方参与、民主协商的方式。瑞士设有联邦职业教育与专业培训会议制度，与会成员包括联邦政府代表、州政府代表、专业组织代表及学术领域专家等，各成员为政策制定者提供意见和建议。多元参与、民主协商的沟通协调机制是瑞士现代学徒制顺利实施的关键。

（三）瑞士现代学徒制的本土化分析

1. 构建融会贯通的现代职业教育体系

瑞士的职业教育体系充分考虑学生的发展需求，能够做到使学生的学业学习与职业学习无缝对接；注重激发学生继续深造的动力，为学生搭建继续深造的桥梁。现代职业教育体系要充分考虑学生的发展需求，注重灵活性和渗透性。一是实现普通学历教育与职业教

---

① 方绪军：《瑞士职业教育现代学徒制的历史脉络、本土特色以及启示》，《教育与职业》，2018 年第 5 期。

育的无缝衔接；二是实现普通教育证书、职业教育学位证书和职业资格证书之间的认可、共融和衔接；三是让接受职业教育的学生能够继续深造，获得学士、硕士、博士学位，构建融会贯通的现代职业教育体系，增加现代学徒制的吸引力[①]。

2. 提升企业参与现代学徒制的积极性

企业的大力支持是瑞士现代学徒制成功的关键。对于瑞士企业来说，接收学徒不仅可以减免税收，还能得到技术熟练且廉价的劳动力。企业能够从参与现代学徒制中获益，是激励企业参与校企合作的重要因素。政府要从政策和资金上鼓励企业接收学徒，为现代学徒制的实施提供工作岗位、实践场所和实践教学资源，保障学徒专业实践能力的培养质量。

3. 鼓励第三方社会力量参与现代学徒制

职业教育要向好向快发展，离不开社会力量的参与和支持。德国、瑞士等职业教育发达国家都很注重发挥行业组织的作用，我国职业教育的发展也需要发挥第三方社会力量的作用，鼓励社会力量参与到现代学徒制的实施过程中，使现代学徒制更具有效性、社会性和专业性。具体做法是：一要开展调查研究，遴选各行业优秀的协会组织；二要以教育行政部门为主导，鼓励第三方社会力量参与职业教育，赋予社会组织一定的权限，使其合理地参与职业教育办学；三要以弥补教育行政部门、职业学校和企业等主体在职业教育办学中的不足为目的，明确社会组织的职能范围。

---

① 徐峰、石伟平：《瑞士现代学徒制的运行机制、发展趋势及经验启示》，《职教论坛》，2019 年第 3 期。

三、英国的现代学徒制

英国是世界上较早推行学徒制的国家之一。从手工作坊式学徒制到产业革命下的学徒制，再到真正意义上的现代学徒制，学徒制在英国历经几个世纪的变革，最终形成了较为成熟、先进的现代学徒制。如今，现代学徒制是英国职业教育的主要人才培养模式。

（一）英国现代学徒制实施概况

英国现代学徒制是在传统学徒制的基础上借鉴欧洲其他国家的成功经验而形成的。1991 年，英国政府发布《21 世纪教育与培训》白皮书，力求让更多适龄青年接受高质量的职业教育。1993 年 11 月，英国开始实施现代学徒制，次年正式进行试点。1995 年，现代学徒制在全英国范围内的大多数行业内全面实施[①]。英国政府高度重视现代学徒制，不断出台相关政策保障现代学徒制的实施，同时提供资金支持，在这样的背景下，英国的现代学徒制得以迅速发展，规模不断扩大。

英国政府注重对现代学徒制进行战略设计。2009 年，英国政府搭建了"国家学徒制服务中心"这一战略平台，平台主要为现代学徒制的实施提供组织、协调等管理和服务，企业和个人想参与现代学徒制，都可以通过网络平台及时获取信息。"国家学徒制服务中心"为学徒制的实施和推广提供了强大的助力，它标志着英国拥有能够统筹全国学徒制实施与发展的组织机构，在英国现代学徒制发展史

---

① 吴凡：《英国层级化现代学徒制人才培养及其对我国的启示》，《教育与职业》，2019 年第 12 期。

上具有里程碑式的意义。

在政策上，2011 年，英国政府颁布《英国学徒制标准规范》，这标志着英国形成了全国范围内的层级化现代学徒制体系，包括中级学徒制、高级学徒制和高等学徒制，全国的适龄青年都可以接受现代学徒制教育。两年后，英国政府对《英国学徒制标准规范》进行修订，将高等学徒制与普通高等教育融通，拓展了职业教育人才的上升通道，提升了现代学徒制的吸引力。

在管理上，英国政府成立了促进现代学徒制实施与发展的专门机构。从校企合作的政策制定、学徒培训经费的发放，到学徒完成培训后技能考核的内容和方式等，都设立了专门的机构进行组织和管理。

在经费上，英国现代学徒制的主要经费来源是政府拨款和企业投资。政府拨款主要通过学习与技术委员会拨给地方，用于支付学徒培训费用。在英国，16～18 岁的学徒的全部培训费用由学习与技术委员会支付；18～24 岁学徒的培训费用由学习与技术委员会和企业雇主各支付一半；对于 25 岁以上的成人培训费用，学习与技术委员会原则上不提供培训经费，但允许他们通过特殊项目申请补助。企业主要负责提供培训场所、设备设施及学徒的薪资等。

在教学实施上，英国现代学徒制的教学培训主要由企业和培训机构（学校）共同完成。培训机构（学校）负责联合企业，帮助企业开发学徒制项目，先确定学徒岗位，再通过"国家学徒制服务中心"平台发布相关信息。在课程教学上，培训机构（学校）主要负责普通文化知识和基本理论知识的教学，企业则负责岗位培训和实际工作环境中的实习培训[①]。

---

① 陈小婷：《英国、瑞士现代学徒制比较研究》，硕士学位论文，西北师范大学教育学院，2016，第 59 页。

在时间上，现代学徒制对于学徒完成培训的时间并没有明确的规定，通常以学徒达到培训框架中规定的能力要求的时间为准。因此，学徒完成培训的时间根据学徒的行业类别、工种特性、个人能力和企业要求等有所不同，通常为1～4年。

（二）英国现代学徒制的特点

1. 普职融通的现代学徒制结构

英国的国家职业资格NVQ（National Vocational Qualification）证书制度一共分为七个等级，英国的现代学徒制建立了与NVQ相对应的层级体系（如图6-1所示）。

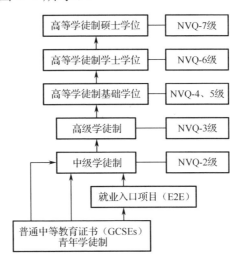

图6-1 英国现代学徒制层级体系

现代学徒制分为四大阶段、七个层次，分别是青年学徒制/就业入口项目、中级学徒制、高级学徒制和高等学徒制，高等学徒制又分为高等学徒制基础学位、学士学位和硕士学位三个层次，整个层级体系实现中高衔接、普职融通。14～16岁的青少年可以选择青年学徒制或通过就业入口项目参加现代学徒制，这一阶段相当于英国国家职业资格 1 级；获得普通中等职业资格证书后，可以进入中级学徒制阶段，与之对应的是国家职业资格 2 级；高级学徒制对应的是国家职业资格 3 级；NVQ4～NVQ7 属于高等学徒制阶段，学徒通过相应阶段的考核可以获得与之对应的高等教育学位证书。

2. 严格的质量保障和评估体系

严格的质量保障和评估体系是英国现代学徒制的显著特点。在现代学徒制实施过程中，每一位学徒都拥有一位专业的师傅，师傅会辅导和帮助学徒。师徒定期会面，师傅为学徒当前阶段的就业技能发展提供指导和建议，在学徒个人技能、成绩与不足等方面提供及时的建议和指导，以保障学徒的培养质量。此外，学徒在接受培训的过程中，要接受企业和培训机构（学校）的内审及英国质量督导标准局的外审。对学徒的考察评估不仅包括口试、笔试，而且包括现场操作能力测试和执行能力测试。企业和培训机构（学校）均设有专门的内审员，内审员要如实地对学徒每一阶段的能力进行评估，及时公布评估结果并将结果记录在案。英国质量督导标准局会委派行业专家或学者等专门人士对学徒的培训情况进行外审。学徒在通过内审和外审之后，方能获得合格证书[1]。

3. 多元统一的教育培训内容

2011 年，英国商业创新与技能部、英国教育部、国家学徒制服务中心共同制定了《英格兰学徒制培训规格标准》，对不同类别学徒制培训提出了最低培训标准[2]。该文件对不同行业不同学徒制层次所

---

[1] 王海军：《论英国现代学徒制及其对我国的启示》，《教育与职业》，2018 年第 8 期。
[2] 陈蕊花、刘兰明、王芳：《英国现代学徒制嬗变历程、战略管理及经验启示》，《职教论坛》，2020 年第 2 期。

应该具备的各方面能力做出了具体要求，各行业培训机构、学校都必须参照执行，因为文件具有法律效力。同时，英国对现代学徒制的学习内容框架做出了规定，大体应具备三个要素：能力本位要素、知识本位要素和可迁移或"关键"技能。能力本位要素是现代学徒制项目的核心要求，由国家职业资格证书来体现；知识本位要素主要指行业基础理论知识，由行业技术证书体现；可迁移或"关键"技能指诸如数字应用、协作交流等关键技能资格。英国从职业培训标准和学习内容框架两个方面对现代学徒制的培训内容进行多元统一。

（三）英国现代学徒制的本土化分析

1. 重视行业地位，吸引行业协会参与职业教育

行业在英国现代学徒制中的地位很高。在英国现代学徒制人才培养过程中，行业高度参与和指导现代学徒制的实施，行业技能委员会与行业技能开发署共同审核现代学徒制框架，制定职业标准，设计资格证书[①]。职业教育的定位是培养社会需要的技术技能人才，因此，人才培养应该与市场匹配，我们应该重视行业地位、吸引行业协会参与职业教育。首先，要以政府为主导，鼓励各行业优秀的专业人才参与组建行业协会，保证行业协会的专业性和权威性，同时，要扩大行业协会的覆盖面，增加行业协会的数量；其次，要规范行业协会的管理，定期组织研讨和调研，确保行业协会能准确地掌握行业最新发展动态，以准确有效地指导职业教育；再者，行业协会要参与职业教育的专业建设、课程开发、实习基地建设、教育

---

① 吴艳红：《英澳现代学徒制比较研究》，硕士学位论文，东华理工大学抚顺师范学院，2013，第80页。

评估等环节，以保证职业教育人才培养质量符合市场需求；最后，要出台相关法律政策，保护行业协会的地位和权益，提高行业协会参与职业教育的积极性，让其更好地服务职业教育。

2. 更新教育观念，突出能力本位的人才培养目标

英国是实施现代学徒制获得成功的国家之一，通过现代学徒制为社会提供了大量合格的技术技能人才，推动了社会经济的发展。在实施现代学徒制的过程中，英国把学生能力的培养放在首位，以能力要求为培训标准，以能力本位课程为教学内容，以能力认可为考核标准，最终实现人才能力的提升。在我国，职业学校的课程和考核仍向基础知识倾斜，培养出来的学生难免出现技能水平达不到企业要求的现象。为了适应市场需求，我们应该借鉴英国现代学徒制的成功经验，更新教育理念，重视学生的能力培养，切实提高学生的技术技能水平。首先，要更新教育行政部门和职业学校的教育理念，正确看待职业教育和普通教育的区别，明确职业教育是以培养高素质技术技能人才为目标的教育理念，在教学内容、教学情境、教学方法、教学目标、教学考核等环节设计中，突出能力本位理念。其次，要对职业学校教师和企业师傅进行定期培训，使他们了解最新的行业动态、掌握最新的技术，提升他们自身的技术技能水平。最后，要对职业教育课程进行改革，突出学生能力培养；要组织专业人士对市场进行调研，以能力培养为重点，对课程进行重构，采取先试行、再推广的方式，形成动态调整机制，以保证课程适应时代的发展。

3. 改革评估方式，完善考核评估体系

英国经过多年的实践探索，建立了较为完善的考核评估体系，评估标准明确、严格，评估过程科学、合理，评估结果公开、透明。

对比之下，我国的职业教育评估体系还不健全，评估方式比较单一，评估结果缺乏合理性，亟待完善。首先，要改变评估方式。目前，我国职业教育的考核以笔试为主，仅部分考核采取实践操作的考核方式，应该将评估方式调整为综合性评估，增加口试、实践操作、成品制作等考核方式，使考核方式多样化，以科学评估学生的真实能力。其次，要注重评估的连续性。我国现行的评估多以一次终结性的考评作为评估结果，然而，这种一次终结性评价并不能反映真实的学习效果，应注重评估的连续性，增加形成性考核的次数和评估比重，提高评估的信度。再者，要提高评估的效度。要对学生平时的学习进行记录，形成阶段性的考评结果，为完成阶段性学习任务的学生提供结业证书。最后，要增强评估的公平性。要严选评估人员，加强对评估过程的管理，避免出现评估人员的主观情感影响评估结果的现象，做到评估人员公平公正、评估过程公开透明，增强评估结果的公平性。

四、美国的现代学徒制

美国很早就认识到了现代学徒制这种技术技能人才培养模式对美国经济发展的重要性。早在 1937 年，美国就颁布了《国家学徒制法案》，将学徒制纳入联邦政府管理范畴[①]。美国的学徒制为美国经济社会的发展提供了人才支撑，经过数十年的实践改革，逐渐形成了具备完善管理体系和实施路径，且顺应时代发展和社会需求的现代学徒制。

---

① 彭跃刚、石伟平：《美国现代学徒制的历史演变、运行机制及经验启示——以注册学徒制为例》，《外国教育研究》，2017 年第 4 期。

（一）美国现代学徒制实施概况

美国的学徒制被定义为一种带薪学习、工作或培训的组织形式，参加学徒制的学生通过这种组织形式习得职场知识和技能。美国现有的学徒制项目包括美国劳工部管理的注册学徒制、青年学徒制、产业认可的学徒制，教育部管理的高中 STEM 职业与技术教育学徒制路径项目和美国社区学院协会管理的社区学院学徒制拓展项目。美国联邦政府建立了专门的工作平台——学徒制网站，为学徒制项目的实施提供相关服务[①]。

在组织管理上，美国《国家学徒制法案》规定，由美国劳工部负责管理和协调学徒制的相关事宜，包括制定学徒标准、保护学徒权益、推进项目实施等。下设学徒制咨询委员会，专门负责学徒制政策法规和模式的实施与推广、学徒制项目实施主体之前的协作协调、学徒制项目的实施效果监督等，为美国政府提供相关意见和建议。

在利益主体上，美国的现代学徒制有三大利益主体：学徒、企业雇主和社区学院。学徒是现代学徒制的核心主体，也是最大的受益者，他们通过参与学徒制项目接受学徒培训，获得谋生的技能。企业雇主与学校教育机构合作，为学徒制项目制订人才培养方案和授课计划等，负责学徒培训的具体实施，同时可以获得劳动力资本。社区学院根据企业雇主和学徒的要求，提供学徒基础理论知识学习的场所等服务，实现服务社会的职能。

在资格准入上，企业雇主根据相关规定登记注册，方能成为学徒制项目承担单位，同时在美国劳工部下属的学徒制管理部门（或州立政府的学徒制事务局）进行备案，才能正式成为学徒制项目的

---

① 张晶晶、张建军：《2017—2020 年美国学徒制动态研究》，《中国职业技术教育》，2020 年第 15 期。

企业雇主。与此同时，学徒也需要向州立政府的学徒制事务局提出申请，当符合相关资格的最低标准时，才能进入"人才库"名单，接受下一步的资格审查。资格审查通过后方能进入面试，面试通过后进入第二轮筛选，筛选通过后，在规定的时间内进行注册登记，正式拥有学徒身份。

在经费投入上，美国现代学徒制的经费来源主要是联邦政府、州立政府的拨款，以及企业雇主的经费支持。美国政府对现代学徒制项目的拨款逐年增加，据相关资料显示，2016 年，美国政府对现代学徒制的直接拨款为 9 000 万美元，2017 年，这一数字为 2 亿美元。社区学院和学生的拨款主要通过培训项目下发，根据相关资料显示，在美国劳工部组织的培训项目中，财政部对于现代学徒制项目的拨款从 2019 财年的 16 000 万美元增加到 2020 财年的 175 000 万美元。可见，美国在国家层面为现代学徒制的实施提供了极大的经费支持。企业雇主提供的经费主要用于支付学徒在学徒期间的酬劳，学徒的薪资在培训初期为熟练工薪资的 50%，根据学徒的熟练程度，到培训后期可以达到熟练工薪资的 90%。

在教学实施上，与德国、瑞士、英国一样，美国现代学徒制的教学实施也由企业雇主和职业学校共同进行。培训形式主要包括课堂教学和岗位培训，课堂教学由学校负责，主要教授与岗位相关的专业理论知识；岗位培训由企业雇主负责，主要教授岗位实践操作技能。课堂教学和岗位培训的时间根据学徒工种的不同而有所不同；学习年限也根据工种的不同而有所不同，一般为 1～5 年。学徒完成培训后，只有通过考核，才能获得由美国劳工部或州立政府学徒制事务局颁发的结业证书。之后可以到两年制或四年制的大学进行深造，获得学位[①]。

---

① 宋凯璇：《美国现代学徒制改革研究》，硕士学位论文，河北师范大学职业技术学院，2020，第 19 页。

（二）美国现代学徒制的特点

1. 具有完善的行政管理体系

美国的学徒制培训项目由美国劳工部负责统一管理和协调，各州下设州学徒制事务局，负责管理本州范围内的学徒制培训项目。美国是联邦制国家，各州政府对于本州事务有很大的自主权，故每个州在学徒制管理机构设置上并不统一。但联邦政府会下拨专项资金用于各州的学徒制项目，因此，各州都会根据联邦政府的要求设立"学徒制事务局"之类的机构，以规范本州学徒制培训项目的管理和实施[①]。

除了在联邦政府和州政府层面设立学徒制培训项目的行政管理机构，美国还设有咨询委员会，用以指导学徒制的实施，保证学徒制人才培养的质量。联邦政府设立了学徒制咨询委员会，成员大约有 30 人，负责为联邦政府提供学徒制相关决策的咨询和建议。学徒制咨询委员会的工作职责如下：开发和促进所有经济领域的学徒制；保障学徒的经济安全；制定和促进注册学徒的劳动标准；选择和确定研究学徒制项目；统筹协调国家注册学徒系统的各个部分；提升各领域的学徒制参与度；提升教育和注册学徒制之间的合作；满足未来扩大经济领域的技能需求，解决更广泛的劳动力问题。各州设立的学徒制咨询委员会则负责为州政府提供学徒制相关的政策咨询和建议，并协助州政府指导本州的学徒制培训等。在联邦政府和州政府双重行政保障和智力支持下，美国现代学徒制实施的效度得以保证。

---

① 彭跃刚、石伟平：《美国现代学徒制的历史演变、运行机制及经验启示——以注册学徒制为例》，《外国教育研究》，2017 年第 4 期。

2. 严格的学徒筛选制度

在美国，参与现代学徒制的准学徒筛选也是有法律规定的，所有的程序都必须经过州立政府学徒制事务局的批准，首要原则是公平。每个学徒制项目有且只有一种准入标准，并且对每位准学徒都是有效的、公平的。每个州对于学徒的准入筛选均非常严格，以俄亥俄州为例，俄亥俄州为准学徒们建立了一个"人才库"，申请现代学徒制项目的人员需要经过资格标准的筛选才能入库，资格标准包括申请人的学业水平、能力倾向测试、与职业相关的健康考试等，每一项标准都有最低分数线要求，没有达到这一分数线，则不能入库。在所有标准都通过之后，申请人才有资格进入人才库，接受下一步的资格审查。之后进入面试环节，面试通过的申请人会收到通知登记的挂号邮件，申请人需要在规定的时间内按要求回复邮件并登记注册，才算正式成为学徒。

3. 有效衔接的升学体制

美国在 2014 年制订了"注册学徒制振兴计划"，提出建立"院校联盟"，用以保障参与现代学徒制的学徒的学习成果，允许他们将自己的学习成果和工作经验转换成大学学分，从而有机会获得副学士或学士学位。"院校联盟"中的"院校"不仅包括社区学院，还包括部分两年制和四年制大学。院校联盟不仅使企业和学校的联系更加紧密，还让参与学徒制的学徒有了继续深造的机会，提高了现代学徒制的吸引力。学徒可以申请联盟内的任意一所学校，将自己的学习成果转换为大学学分（最高不超过 60 学分），且这些学分在联盟内所有高校之间可以自由转换，便于学徒灵活选择。院校联盟的建立不仅极大地促进了美国职业教育的发展，而且有助于提高美国教育的整体水平[①]。

4. 科学完善的培训体系和评价标准

经过多年实践，美国现代学徒制形成了较为完善的评价标准和证书体系。评价标准主要围绕政府的政策文件制定，也会考虑行业协会的要求。学徒参与现代学徒制培训，通过考核后获得的学徒制培训证书在本州乃至全国范围内均被认可。学徒在学徒制培训期间要进行课堂理论学习和工作实践培训，通常工作实践培训所占的比重较大。在每一个实践阶段，都有一名既熟悉该实践阶段培训内容又具有丰富的教育培训经验的指导老师监督和指导学徒，从而保障学徒的学习效果。理论学习和实践培训都有相应的考核标准，学徒只有通过考核才能获得相应的证书。美国现代学徒制项目的培训周期一般为 1～5 年，若学徒在培训期间未能达到考核要求，将视情况延长、暂停或取消其培训资格；而完成学业并通过考核的，企业雇主将通知相应的管理机构为学徒颁发证书。从培训内容、培训周期、培训考核和颁发证书等方面可以看出，美国现代学徒制制度规范、管理有序。

（三）美国现代学徒制的市土化分析

1. 建立完善的管理体系

经过几十年的探索，美国现代学徒制已成为各行各业劳动力培训的重要手段，形成了较为完善的管理体系，赢得了广泛的社会认可。我国自 2015 年开展现代学徒制试点工作以来，各省份展开了积

---

① 宋凯璇：《美国现代学徒制改革研究》，硕士学位论文，河北师范大学职业技术学院，2020，第 38 页。

极的探索，为我国现代学徒制的推广打下了基础。2015 年发布的《中华人民共和国职业分类大典》，为我国现代学徒制的职业选择提供了权威的参照。在这样的基础上，我国应该建立完善的组织管理体系，明确机构职责、加强组织管理，以保证现代学徒制的实施成效。第一，要建立自上而下的行政管理机制，明确各级管理部门的职责和权利，确保管理工作科学有效。第二，各级管理机构要密切联系行业企业，成立行业指导委员会，让行业企业高度参与职业教育，赋予行业企业话语权，让行业企业与行政管理部门一同制定相关政策和法规，在行业的指导下建立现代学徒制管理服务平台，从而建立起完善的现代学徒制管理体系。

2. 合理设置学徒准入标准和补助标准

根据行业特性和岗位性质的差异，不同的岗位对学徒的年龄、学识水平等要求都有所不同，因此，要对不同行业准学徒的年龄、学业水平等进行明文规定；同时要设置个人能力倾向测试、职业健康测试、心理测试和职业道德测试等筛选环节，以帮助准学徒选择适合自己的职业，保证行业企业招收到合格的学徒。

要制定合理的学徒补助标准，多措并举，为每一位学徒提供基本的生活保障，同时增加现代学徒制的吸引力。一是由政府向学徒发放基本的生活补助；二是根据年龄段设置不同的学费减免标准；三是企业根据学徒的岗位熟练程度向学徒支付一定的工资补助。

3. 提升学徒人才培养层次

搭建现代学徒制与普通高等教育之间的互通立交桥是发展现代学徒制的重要途径。美国建立院校联盟，意在搭建职业教育与普通高等教育互通的桥梁，提升学徒人才培养层次。我国也应该认识到高等教育对于职业教育发展的重要性，重视职业教育与普通高等教育互通机制问题，将现代学徒制推广到本科层次，甚至是硕士层次。提升学徒人才培养层次，将学徒制与学位有机结合，不仅可以让学徒拥有继续深造的机会，提升学徒制的整体层次，还能提高企业和普通高等院校参与现代学徒制的积极性；不仅有利于现代学徒制的推广，还能满足社会对不同层次职教人才的需求[①]。

五、澳大利亚的现代学徒制

澳大利亚的现代学徒制是一种极具特色的职业教育人才培养模式。对于适龄青年来说，参与现代学徒制不仅能够学习到新知识、新技能，还能解决就业问题。在使年轻人掌握一门技术、帮助失业者重返劳动市场、为国家经济发展提供人力支撑等方面，澳大利亚走出了现代学徒制这条极具实效性的路子。

（一）澳大利亚新学徒制实施概况

1996 年，澳大利亚建立现代学徒制（又称新学徒制），1998 年正式实施新学徒制。新学徒制将传统学徒制和受训生制融为一体，并进行升级改造，取得了良好的经济效益和社会反响。澳大利亚现代学徒制的建立和完善，使澳大利亚在短时间内跻身世界职教强国之列。新学徒制的培训形式有职业技术教育学院（简称 TAFE：Technical And Further Education）的脱产培训、完全在岗的正规培训和私人培训。雇主与学徒签订学徒培训协议，协议必

---

① 宋凯璇：《美国现代学徒制改革研究》，硕士学位论文，河北师范大学职业技术学院，2020，第 44 页。

须在所在州或领地的培训当局注册，雇主根据双方拟定的职业能力标准为学徒提供培训和就业机会，并帮助学徒获得全国认可的职业资格证书。

在管理体系上，澳大利亚职业教育的管理机构有三类：联邦政府的决策机构、州或领地的管理机构和咨询机构。联邦政府决策机构主要负责国家职业教育的发展目标、经费投入、决策实施、培训质量监督等工作；州或领地的管理机构主要负责审批培训机构的资质、监督学徒制的实施运行等。澳大利亚职业教育管理体系结构如图 6-2 所示[①]。

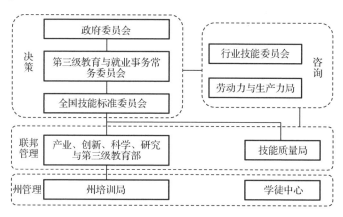

图 6-2　澳大利亚职业教育管理体系结构

在培训内容上，澳大利亚以全国培训框架指导下的"培训包"为基础开展培训，培训包由国家产业培训咨询委员会和各行业的企业团体共同开发，可以满足不同行业或特殊行业的培训需求[②]。培训包主要包括国家行业能力标准、国家资格证书和评估准则，以及学习策略、职业发展等辅助性内容。国家行业能力标准包含整个行业

---

① 冯俊丽：《澳、英现代学徒制比较研究》，硕士学位论文，广东技术师范大学教育科学与技术学院，2019，第40页。

② 熊苹：《走进现代学徒制》，硕士学位论文，华东师范大学职业教育与成人教育研究所，2004，第27页。

和企业所需具备的知识、技能和素养；国家资格证书包含澳大利亚资格框架 1～4 级证书和文凭；评估准则包含行业和企业对能力要求进行评估的标准和操作范例。

在经费投入上，澳大利亚采用市场化运作，只要通过澳大利亚国家培训局（简称 ANTA：Australian National Training Authority）的认可，任何机构、企业和个人都可以承担学徒培训，联邦政府一律给予经费支持[①]。同时，澳大利亚政府以经济手段为杠杆进行管理，对于社会急需的职业培训给予重点经费支持；对于培训机构的拨款以学员结业后的就业率和收入为衡量标准；对于招收学徒的企业给予税收优惠。

在考核评估上，澳大利亚新学徒制突出能力本位，对现代学徒制的考核评估以能力鉴定为主，建立了一套完整的能力鉴定体系[②]，如图 6-3 所示。

这套体系包含鉴定策略、鉴定计划、鉴定方式、鉴定工具、能力认证、鉴定评价等环节，并对鉴定目标、鉴定内容、鉴定方式、鉴定标准等要素进行了明确界定。鉴定标准由行业和行政部门一同制定、国家统一认可，鉴定过程公平、公正、公开。学徒鉴定结果分为合格与不合格两种，不合格的学徒可以重新学习，多次鉴定，直到鉴定合格。

---

① 劳动保障部培就司赴澳考察团：《澳大利亚的新学徒制》，《中国培训》，2003 年第 5 期。

② 张东：《澳大利亚职业教育中学生能力三个本位鉴定的特色》，《中国职业技术教育》，2011 年第 4 期。

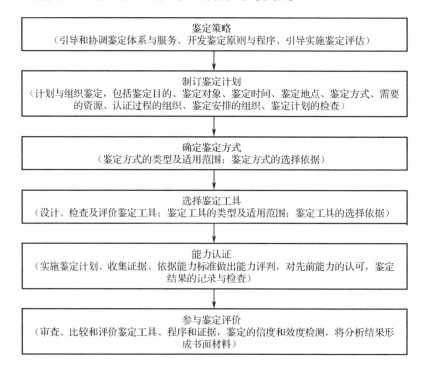

图 6-3 澳大利亚能力鉴定体系

（二）澳大利亚新学徒制的特点

1. 培训方式的灵活性

澳大利亚新学徒制的显著特点之一是灵活性，体现为用户选择灵活、教学方式灵活。学徒可以根据自身的情况灵活选择培训时间、培训地点、培训内容、培训方式、培训教师和考核方式等。用户选择的灵活性还体现在当雇主和学徒对培训机构提供的服务不满意时，可以灵活选择其他机构。澳大利亚新学徒制课程通常为分阶段的弹性课程，教学方式灵活多样。学徒可以选择一次性不间断地学完所有课程，也可以分阶段安排学习；可以采用全日制、半日制方式或利用闲暇时间完成学习，这给学徒提供了极大的便利。据统计，澳大利亚非全日制学徒的人数逐年增加，这充分说明这种弹性学制颇受澳大利亚学徒的青睐[①]。

2. 培训对象的广泛性

澳大利亚新学徒制对于学徒年龄没有太多限制，只要学徒完成义务教育，就可以接受新学徒制培训。澳大利亚自 1996 年开始建立新学徒制以来，接受培训的学生人数持续增长，据澳大利亚相关方面统计，1996—2001 年间，参加学徒制的人数翻了一番，由 163 280 人猛增到 329 580 人，年增幅达 15%[②]。传统学徒制的学徒所属行业主要集中在制造业、运输业、建筑业、印刷业等技术行业，新学徒制实施后，销售、职员和服务行业的学徒人数占所有学徒的 47.1%，培训对象越来越广泛。

3. 师资队伍的高要求

澳大利亚新学徒制的教师主要包括学校兼职教师和企业师傅。企业师傅必须是工作经验丰富、技能过硬的老师傅；学校教师必须拥有教师资格证和专业资格证，才能承担教学任务。澳大利亚 TAFE 学院的学徒制兼职教师不仅要拥有教师资格证、专业资格证，具备教师的基本素质和扎实的专业知识，还必须具备一定的实践经验。当然，澳大利亚 TAFE 学院学徒制的兼职教师工资待遇高，社会地位也高，这就吸引了很多优秀的教师参与新学徒制，保证新学徒制拥有优质、稳定的师资队伍。

---

① 祝伟：《澳大利亚新学徒制研究》，硕士学位论文，华中师范大学教育学院，2008，第 45 页。

② NCVER（2001），Australian Apprenticeship and Trainee Statistics. Australian National Training Authority，p.1.

（三）澳大利亚现代学徒制的本土化分析

1. 搭建信息共享平台，建立信息交流机制

搭建全国范围内的现代学徒制信息交流平台，建立职业教育信息交流机制，是现代学徒制推广应用的需要，也是顺应信息化时代发展的需要。澳大利亚在全国建立了数百所现代学徒制服务中心，为企业、学徒、培训机构免费提供服务。企业可以在平台发布岗位需求，节省了对外宣传的时间、精力和财力；有学徒意向的个人可以在平台上筛选适合自己的工作岗位，拓宽自己的求职、学习渠道。澳大利亚政府不仅为企业和学徒搭建信息交流的平台，而且为学徒选择和教学计划调整等提供服务，还能开展关于学徒学习和生活的调查研究，为学徒选择提供参考[1]。澳大利亚各地方劳动局都设有职业指导和咨询办公室，可以为学生提供岗位信息、相关咨询和建议。澳大利亚政府在企业、学徒和培训机构之间建立了良好的信息交流机制，为澳大利亚现代学徒制在短时间内迅速发展并取得巨大成功奠定了坚实的基础。在当前的信息时代，我国现代学徒制要取得突破性进展，须构建信息交流网络，完善信息交流机制。现代学徒制的学徒对象广泛，参与企业涉及各行各业，要建立一个庞大且有效的信息交流网络离不开政府的大力支持，政府要宏观谋划、积极组织，为现代学徒制搭建权威性高、普及性广、操作性强的信息交流平台，在各地设置现代学徒制服务机构，建立良好的职业教育信息交流机制。

---

① 祝伟：《澳大利亚新学徒制研究》，硕士学位论文，华中师范大学教育学院，2008，第 52 页。

2. 强化教师管理，提升师资素质

澳大利亚对于现代学徒制师资的高要求是其现代学徒制成功的重要因素。澳大利亚现代学徒制的教师工资待遇非常好，社会地位也非常高，这就是为什么澳大利亚对现代学徒制师资要求如此高，却仍然能够拥有优秀师资的重要原因。近年来，我国职业院校朝着打造"双师型"队伍的目标不断努力，职业院校师资队伍水平确实有了一定的提升，但仍存在一些问题。首先，要提高现代学徒制教师准入要求。职业院校的教师原则上要具备教师资格证和专业资格证，而参与现代学徒制的教师还必须有实践工作经验；企业师傅要选择实践经验丰富、实践操作水平高、带教能力强的师傅；要规范现代学徒制教师准入资格考试，采用全国统考方式，公平、公正、公开地选拔既有理论水平和教学能力，又有实践经验的教师，确保现代学徒制的师资水平。其次，要严格教师考评。要从学徒满意度、学徒就业率、学徒专业资格证书考试合格率、师德师风调查等多方面对教师进行考核评估，加强对现代学徒制教师的管理。再者，要提高现代学徒制教师待遇。要同时提高职业院校现代学徒制教师和企业师傅的工资待遇和地位，吸引更多有能力的优秀人才参与现代学徒制，进一步发展职业教育。最后，要为职业院校现代学徒制教师和企业师傅提供定期培训，使他们及时了解行业最新发展动态、掌握最新理念和技术，为他们打通职业晋升通道，帮助他们实现自我发展[1]。

---

[1] 吴艳红：《英澳现代学徒制比较研究》，硕士学位论文，东华理工大学抚顺师范学院，2013，第84页。

3. 加强监管力度，提升学徒培养质量

2007 年，为了更好地管理和协调以行业为主导的职业教育与培训体系，巩固现代学徒制实施的丰硕成果，澳大利亚政府新组建国家教育、就业和职场关系部，主管技能、青年和就业三大方面①。2011 年，澳大利亚政府成立了技术质量管理局（ASQA：Australian Skills Quality Authority），专门监管教育与培训机构的质量，同时负责鉴定培训机构的资质，以确保培训机构符合国家批准的质量标准②。澳大利亚政府注重对上层领导机构的调整，以加强对现代学徒制实施的监管，确保现代学徒制的实施效度和学徒培训质量。我国职业教育的重要作用越来越凸显，但仍存在体系建设不完善、人才培养质量参差不齐等诸多问题。要紧抓国家大力改革发展职业教育的重大机遇，建立健全严格的质量监管体系，加大人才培养监管力度，提高人才培养质量；要完善现代职业教育管理体系，建立职业教育质量监督机构；要对现代学徒制项目的政策制度执行情况进行监督、对职业学校和企业的培养质量进行监管、对评价组织的评价过程进行监管，完善现代学徒制实施监管机制，以保证现代学徒制人才培养质量。

---

① 温振丽：《澳大利亚现代学徒制的变革及其启示》，硕士学位论文，杭州师范大学教育学院，2018，第 40 页。
② 邢莹莹：《澳大利亚现代学徒制改革研究》，硕士学位论文，江西科技师范大学教育学院，2014，第 29 页。

第七章

学校主体下现代学徒制人才培养的实施路径

现代学徒制由学徒制发展而来，而学徒制始于手工业时代，历史悠久。20 世纪 60 年代，德国以法律形式确立双元制的教育地位，故学术界通常认为双元制是现代学徒制的开端。20 世纪 90 年代，受德国影响，西方各国开始改革学徒制，出现了英国的现代学徒制、澳大利亚的新学徒制等。在我国，现代学徒制属于外来之物，目前本土化的选择和实践主要是以学校为主体的现代学徒制。学校主体下的现代学徒制实施路径，需要从确定工匠型人才培养目标、构建模块化课程体系、创新个性化与情境化教学方法、建立双导师队伍和优化管理方式等途径着手。

一、现代学徒制人才培养目标的定位

"为谁培养人""培养什么样的人""如何培养人"是教育的三大基础命题。培养目标解决"培养什么样的人"的问题，是教育的出发点，也是决定教育类型属性的关键。高职教育人才培养目标决定了学生培养的基本方向，是职业院校一切教育活动的指南，规定了教育活动结束后学生在知识、技能、素养等方面要达到的标准，也是进行教育评价、评估的依据。

（一）职业教育人才培养目标的价值取向

教育价值观有个人本位论和社会本位论两种。个人本位论强调教育目的应该从人的发展出发，满足个人发展的内在需要；社会本位论强调教育目的应该从社会发展出发，满足社会经济发展需要。二者是对立统一的关系，绝对的个人本位和社会本位价值取向在实际的教育教学中并不存在，常呈现偏移状态，由一方起主导作用。此外，还有"能力本位""人格本位""素质本位"几种较典型的教育价值取向。

1. 社会本位价值取向

社会本位价值取向是一种传统的教育价值取向，它将社会需求放于首要位置，认为社会利益高于一切，个人发展应服从社会发展，人活动的唯一目的是为社会服务[①]。社会本位价值取向又称工具理性

① 乔为：《走进核心素养：职业教育培养目标系统的发展》，《职业技术教育》2017年第 7 期。

主义，具有功利性色彩，高职教育的发展过程正是这一特点的表现。师徒传承形式是职业教育的萌芽，其目的是传承技艺，实现帮助个体谋生、提高生活水平的目标。当下的职业教育学校教育形式是与经济社会发展联系最为紧密的一种教育形式，社会服务是其固有职能之一，它跨越产业与教育的界限、学校与企业的界限、学习与工作的界限，是职业教育类型教育特征的重要体现。职业教育人才培养目标定位于为生产一线培养大批高素质技术技能人才，这就要求职业教育应以满足经济发展、产业转型升级等为立足点，不断根据产业结构调整、技术升级、岗位变迁来调整人才培养目标，以提高人才培养的针对性和适应性，确保就业质量，促进经济持续发展。可见，从职业教育的诞生到快速发展，其人才培养目标一直都呈现出鲜明的社会本位价值取向。在社会生产力发展水平较低时期，职业教育社会本位价值取向具有历史传承性，也是时代发展的必然，在一定时期内可以为经济社会发展提供较为充足的人力资源和技术支撑，对维护社会和谐稳定、推动经济快速发展具有重要作用。

2. 个人本位价值取向

个人本位价值取向强调个人价值的实现，否定社会制度的权威，反对社会对个人的束缚，反对将谋求国家利益和促进社会发展当作教育的首要目的，认为教育的真正价值在于发展人的理性和个性。个人本位价值取向体现了教育的教育性属性，认为育人功能是教育活动的本源动力。人文主义教育学家和马克思主义关于人的全面发展理论是个人本位价值取向的代表。人文主义教育学家倡导以人性为核心，强调人的意义，追求人的尊严与价值，把发展学生的学习积极性、培养独立思考能力、促进个性发展作为教育目标[①]。马克思

---

① 卢洁莹：《德国职业教育价值观的演进与启示》，《职业技术教育》2010 年第 13 期。

主义关于人的全面发展理论认为，人的全面发展指人的精神和身体、个体性和社会性得到普遍、充分而自由的发展，人的全面发展只有在共产主义条件下才能实现，且受到社会条件的制约，现代大工业生产的高度发展提出了人的全面发展的要求和可能性，教育与生产劳动相结合是实现人的全面发展的唯一方法。随着我国社会主义改革的不断深化，以人为本的发展理念深入人心，个人本位价值取向也由一种教育思潮、理想、边缘化的取向成为现实，在我国教育教学实践中得到应用。职业教育人才培养目标的主导价值伴随着第三次工业革命和信息化时代的到来，以及教育改革的深化，正慢慢由以社会本位价值取向为主导转向以个人本位价值取向为主导。

3. 能力本位价值取向

能力本位教育兴起于 20 世纪二三十年代，发源于欧美国家，是一种职业教育本位观，又称能力本位培训。它是一种按照职业岗位设置专业，以培养一线人才的岗位能力为中心来决定理论教学和实践训练内容的教学模式[①]。能力本位教学模式首先依据分工理论对每一个具体职业进行分解，列出职业所需的全部工作职责，每项工作职责即是一项综合能力；然后，根据工作职责把工作分解成若干工作任务，每项任务即是一项专项能力；最后，根据职业分析确定该职业应具备的各种综合能力和专项能力，开发教学大纲并组织教学。能力本位价值取向在职业教育的发展与改革过程中发挥过指导作用，然而，随着时代的进步与发展，能力本位职业教育与劳动力流动市场开始出现脱节。经济的飞速发展与知识的快速更新，使传统行业与职业岗位不断萎缩，新的行业与岗位不断出现。劳动的变换、职能的变化使劳动分工不断发生变化，人不再拘泥于固定的一种生

---

① 黄日强、许惠清：《能力本位职业教育特征》，《外国教育研究》2000 年第 5 期。

产劳动职能，不同的职业岗位对知识和技能的要求各不相同，劳动者需要不断学习才能适应工作需要。培养目标仅围绕着狭义的职业岗位的能力本位职业教育，会使职业院校培养的人才的市场适应性和对口性不断下降。此外，能力本位职业教育通过细分程序将劳动者束缚于一定的局部操作和一定的工具之上，存在使劳动者片面化发展的倾向。

4．人格本位价值取向

人格本位理念起源于欧洲，强调独立人格的价值和人格的自由发展，它以实现培养学生人格为教育目的，认为教育的核心是培养学生的人格[①]。从心理学角度出发，人格类似于个性，是一个人拥有的具有一定倾向性的心理特征的总和。因而，人格教育也被称为个性教育，人格本位可以理解为以人为本。从社会伦理学角度来看，我国学者将人格与人的道德水准、思想境界挂勾，因此人格成了个人道德品质的代名词。由此可见，教育的人格本位等同于道德本位。不可否认的是，虽然道德教育，特别是职业道德和职业精神，在职业教育中占据十分重要的地位，但却不能将其等同于职业教育的全部内容。

5．素质本位价值取向

广义的素质本位职业教育是以培养学生学会认知、学会做事、学会共同生活和学会生存等综合素质为核心的教育模式。狭义的素质本位职业教育注重受教育者拓展素质的培养，着眼于人的可持续发展能力的培养，培养目标针对的不是具体的职业岗位，而是职业岗位群，包括受教育者的职业适应能力、职业情商、职业品德、职

---

① 周明星：《论职业教育的出发点问题——兼评职业教育的三种基本理念》，《职业技术教育》2003 年第 25 期。

业知识、职业能力和职业心理等[①]。素质本位职业教育包括基础性素质教育、专业性素质教育、创业与创造性素质教育等。素质本位价值取向的职业教育是马克思主义关于人的全面发展观的体现，理论基础深厚，同时又受终身教育学习思想的影响，体现了全球化要求。此外，素质本位价值取向的职业教育在一定程度上弥补了岗位工种能力本位理念的缺陷，实现了普通教育与职业教育的衔接、工具主义与人文主义的融通，成为当下教育改革的一种趋势。

（二）职业教育人才培养目标的影响因素

职业教育人才培养目标一直在变化，在经济、社会、科技及教育等诸多因素的共同作用下，其表述更加清晰、方向更加明确、可操作性更强。

1. 经济发展的影响

改革开放初期，我国经济体制仍以计划经济为主，企业是行政部门的附属物，不能自主经营，也不能自负盈亏，主要关注生产计划的完成情况。国家对企业管得很严，企业缺乏自主性，价值规律作用低下，工人积极性不高。随着社会主义市场经济政策的施行，国家对经济结构进行战略性调整，市场竞争促使企业不断创新，向市场提供更加优质的商品和服务。很多企业开始通过创新和增加技术含量来实现产品的增值。市场经济的确立、经济规模的扩大、经济结构的调整对直接从事企业生产、服务的技术应用型、技能型人才产生了更大的需求。近年来，我国经济发展进入新常态，经济增

---

① 周明星：《论职业教育的出发点问题——兼评职业教育的三种基本理念》，《职业技术教育》2003 年第 25 期。

长速度从高速增长转为中高速增长，经济结构不断优化升级，发展从要素驱动、投资驱动转向服务业发展及创新驱动，增长动力要实现转换、经济结构要实现再平衡，迫切需要一大批技术技能人才和工匠型人才，可以说经济发展是高职教育目标变化的直接动因。

2. 社会变革的影响

人才结构的变化促使高职教育培养目标发生变化。随着经济的发展，行业管理人才接近饱和，技术工人严重短缺，尤其是高级技工在技术工人中占比较小，人才供给和需求不匹配，呈现出结构性矛盾。人才的结构性矛盾促使国家调整高职教育人才培养目标，由"工程师类"向"高级技术应用型人才"转变，2003 年后又转向培养"高技能人才"。此外，就业压力也迫使高职教育人才培养目标发生转变。按旧有培养目标培养的高职人才，已经不能完全适应就业要求，导致就业压力骤增。将就业压力转化为人力资源资本只能通过教育来实现。同时，政治、文化、家庭等发生的变化及西方价值观念、生活方式的冲击等也对高职教育目标产生了影响。因而，将价值观、职业道德、职业精神、职业素养等纳入高职教育人才培养目标中是应有之义。可以说，社会因素是高职教育人才培养目标发生变化的深层动因。

3. 科技发展的影响

改革开放初期，我国工业发展水平较低，这一时期的产业以劳动密集型产业为主，对工人的技术、技能要求并不高。随着第二次工业革命的推进及我国市场经济的发展，以现代企业制度为核心的经营体制逐渐得以确立，企业装备水平明显提高，对工人的技术能力要求不断提升。伴随着信息化的发展，一大批企业以信息技术为突破口进行转型升级，企业设备更新、新产品研发速度逐渐加快，工作岗位对技术工人的要求随之提高，传统的单一技能型工人难以适应原有岗位要求。伴随着第三次工业革命的到来，人工智能、虚拟现实、生命科学等标志着我们已经进入了知识经济时代，知识经济促使生产方式更加柔性化、分散化、智能化，新的生产和服务岗位对人才提出了全新的要求，即要具有扎实的理论知识、受过系统的技能训练、具有创新精神、知识广博、具有精益求精的工匠精神等。与此同时，技术贸易和跨国公司的涌入，在带来先进生产技术和管理方式的同时，要求高职教育为其培养大量具有国际视野和过硬能力的人才。可以说，新科技革命与知识经济使知识、技术、设备的更新速度加快，"学习能力、实践能力、创造能力、就业能力和创业能力"及"学会交流沟通和团队协作"等成为高职教育人才培养的重要内容。

4. 教育自身发展规律的影响

高职教育的发展有其自身的规律，它不受人的意志控制，是独立的、自成体系的。不同时期的教育研究者促进了教育规律的发展与完善，他们在高职教育性质、定位、与社会经济发展之间的关系、人才培养等基本问题上的持续研究，推进了高职教育人才培养目标的不断发展。例如，关于高职教育定位的研究，将高职教育定位于一种教育类型，使高职教育从普通本科教育培养目标中独立出来，建立了自身的培养目标体系。

（三）现代学徒制人才培养目标的重构

教育学中的人才培养目标是学校通过认知自身发展，结合外在环境的变化，明确内在与外在需求，在理性分析之上结合教育使命与愿景，设计出的关于学生成长的蓝图。培养目标具有导向功能，决定学校人才培养目标的方向；具有标识功能，体现人才培养的层次；具有激励功能，影响人才培养的质量[①]。

1. 现代学徒制人才培养目标的维度

人才培养目标一般包括知识、能力、素养等基本要素。从逻辑角度来说，三者是基础、核心、关键的关系。知识是人才培养目标的基础，对能力和素养起直接作用。知识外化带来的就是人的能力，知识内化的结果体现为人的素养。知识涵盖了基础理论知识和专业技能知识。能力是人才培养目标的核心，是人在掌握知识的基础上表现出来的一种对外在事物的改造技能，具有专业性和发展性。能力主要包括操作能力、迁移能力、创新能力和适应能力等。素养的内涵比较宽泛，包括身体与心理素质、思想道德与文化素质、专业素质等。三者以知识为基石，能力和素养在知识的基础上并行发展又交叉融合。现代学徒制人才培养目标也包括知识、能力、素养三个维度，且具有自身的特点。

一是知识目标的高端与复合性。在整个职业教育系统中，高等职业教育处于较高层次，相对于中等职业教育而言，高等职业教育具有高等性，具体表现为知识和技能的高等性。在知识爆炸的时代，学科交叉成为常态，这就需要从业人员具备多学科知识的储备。现代学徒是在某一领域具有超高技艺的人，要实现在专业领域的精通，更加需要其他相关领域知识的支撑。

二是能力目标的专研与创造性。职业性是高等职业教育的本质属性，这是由高等职业教育的类型决定的，高等职业教育主要培养具有较强动手能力和解决实际问题能力的应用型人才。现代学徒不仅要有精湛的实践能力，更要成为生产一线的行家里手，这就需要

[①] 王严淞：《论我国一流本科人才培养目标》，《中国高教研究》2016 年第 8 期。

专业化的能力支撑。同时，现代学徒还要对自己的工作有着深深的认同感和自豪感，进而达到专研的高地。产业结构升级和技术改造对从业人员提出的要求越来越高，现代学徒制人才应具有较强的迁移和创新能力，能发现现有和潜在的技术问题，能运用既有知识创造性地解决问题。

三是素养目标的系统与行业性。现代学徒制人才培养的素养目标有宏观层面的家国情怀、社会责任，也有个人层面的道德品质、坚定意志、进取精神等，更有涉及具体行业的职业操守、职业精神、求真务实的态度等。因而，现代学徒制人才培养的素质目标既是系统的，又是具有行业性的。

2. 现代学徒制人才培养目标的定位

通过对现代学徒制人才培养目标维度及特征的剖析，我们认为高职教育现代学徒制人才培养目标应定位于"宽厚与专精结合""人文与技能并重""传承与创新融合"的服务于生产一线的高级应用型人才。

一是宽厚与专精结合。现代学徒制人才应具有知识的宽厚性。从纵向上来说，宽厚性指基础理论知识的厚度，基础理论知识既是能力生成和能力得到发展的基石，也是构建个体能力体系的基础。从横向上来说，宽厚性指专业知识的宽度，表现为专业知识的宽口径，现代学徒制人才应尽可能地扩大知识的范围，在掌握本专业相关知识的基础上，掌握与本专业相关的其他专业知识，力争在更全面的知识背景下深化对专业的理解，增强职业迁移能力。在智能制造时代，单一技能者在特定岗位上从事简单的重复性工作的工作方式将逐渐被工具和技术替代，工作内容复杂度的提升、职业岗位工作范围的拓宽和专业工种间业务的交叉要求从业人员要一专多能①。此外，高职教育现代学徒人才应具有知识的专精性，要能够不断钻研所从事的行业、岗位的相关知识，在宽厚性的基础上做到专业精细，这一方面是由高职教育为生产一线服务的属性决定的，另一方面也是人才能够成长为工匠的关键，只有将有限的时间和精力投入到特定领域，才可能成长为真正的现代学徒制人才。

二是人文与技能并重。工业革命对技术工人的需求催生了现代意义上的职业教育，使职业教育从传统手工作坊的学徒培养转向了规模化和制度化的学校教育，因而职业教育一开始是以培养技术人才为目标的。加之受推崇科学技术万能论和注重工具功能的"技术理性主义"的影响，导致职业教育过分地注重人才的技能训练，在一定程度上忽略了人文素养的培养②。强调职业教育对社会和经济发展的贡献是必须的，但职业教育的人文价值同样不可或缺，不能因为职业教育的社会功能而损害人的价值。因而，高职教育培养的现代学徒制人才应做到人文与技能并重，在培养技能的同时，也要注重人文素养的培养。具体来说，现代学徒制人才的人文素养培养包括坚定的政治立场、强烈的社会责任感、爱国情怀和民族精神等家国情怀的培养；正确的人生观和价值观、坚强的意志、不断进取的精神等道德品格的培养；传统文化、行业文化、企业文化、地域文化等文化传承的培养；敬业守信、求真务实、精益求精等职业精神的培养；全球视野、创新精神、终身学习等发展能力的培养。

三是传承与创新融合。我国有着悠久的手工业传统，手工业造就了一大批的能工巧匠、享誉世界的精湛技艺及独有的工匠文化。

---

① 陈山漫、王媛：《"工匠精神"背景下应用技术大学人才培养的现实挑战与应对策略》，《教育理论与实践》2018 年第 15 期。
② 郑玉清：《现代职业教育的理性选择：职业技能与职业精神的高度融合》，《职教论坛》2015 年第 5 期。

但随着产业革命和工业革命的兴起，现代工业制度及制造业文化迅速传入中国，加之传统手工业的式微，中国本土工匠文化与技艺没有与现代制造业实现高度耦合，工匠文化及技艺的传承出现了"断代"。不可否认的是，根植于五千多年中华传统中的手工业曾经铸就了辉煌，传承的断代并没有让"工匠"的定义出现偏差，精益求精、尽善尽美等工匠的本质特征依旧被保存着。高职教育培养的现代学徒制人才应该是传承与创新相结合的人才，应将中华本土学徒模式与西方近现代工匠模式相结合。传承并创新技艺，在传统工艺的基础上不断创造新工艺，通过创新让传统工艺焕发新的活力。传承并创新精神，将"经世致用""守拙求真""德艺双修"等传统工匠精神与西方"标准化动作""一生只做一件事"等现代工匠精神融合创新。传承并创新文化，将手工业传统"家族"文化、"师徒"文化与现代优秀企业文化、行业文化融合创新，培养出传统与现代结合、本土与国外结合的现代学徒制人才。

 二、现代学徒制课程体系的构建

在现代教育中，无论采取什么样的培养模式，课程永远是核心载体和关键条件。在现代学徒制人才培养中，只有转变以知识存储为逻辑的课程体系，重构基于工作过程的课程体系，才能实现现代学徒制的人才培养目标，保障人才培养的质量。与传统学徒制相比，现代学徒制将学校教育延伸到企业，带动的教育改革是全面的，既是形式之变，也是教学内容和教学方法的形态重构和内涵提升，这些都将落在课程的变革上。可以说，课程重构是现代学徒制实施的着力点和聚焦点，对现代学徒制的实施起着至关重要的作用。

（一）现代学徒制课程体系基本组成

课程是构成课程体系的基本单位，课程模块是课程的主要组织结构单位，因此，现代学徒制专业课程体系的构建应该落在课程模块的构建上。根据现代学徒制人才培养目标，结合产业发展和教育基本理论发展规律，我们认为现代学徒制课程体系由四大模块构成，分别是职业精神培养课程模块、技术技能基础课程模块、技术技能拓展课程模块和可持续发展能力课程模块[①]。

1. 职业精神培养课程模块

现代学徒是大国工匠队伍中的重要组成部分，是高技术技能人才，具备职业精神是对其的基本要求。职业精神培养课程模块重在培养学生的职业道德、职业态度、职业行为，定位类似于高职教育中的通用基础课，但又有其不同之处。一是要注重学生爱国情怀的培养，坚持政治引领，实现爱国爱党、爱社会主义相统一。二是要将立德树人贯彻到教育教学全过程中，加强对学生中华传统美德、职业道德、家庭美德、个人品德的教育，重视公民基本道德规范教育，培育和践行社会主义核心价值观。三是注重培养团结协作、爱岗敬业、诚信奉献的职业道德和诚实劳动、严谨细致、精益求精的工作作风，使学生养成良好的劳动习惯。四是注重将课程与企业文化和岗位实际相结合，基于工作岗位体现个人价值。职业精神培养课程模块主要包括马克思主义理论课、思想政治教育课、大学语文、大学英语、计算机基础等通识教育课，以及如人际交往、团队协作、

---

① 陈秀虎等：《现代学徒制专业课程体系构建的探索与实践》，《中国职业技术教育》2015 年第 21 期。

企业文化、企业安全教育等与实际工作相关的课程。

2. 技术技能基础课程模块

技术技能基础课程模块是培养学生专业能力的基础，是某一行业中不同企业和岗位所需的技术技能，具有行业通用性和基础性。技术技能基础课程模块定位于使学生掌握行业通用基础知识及运用知识有效解决问题的能力。为了提高知识的针对性和有效性，现代学徒技术技能基础课程必须建立在岗位工作需求基础之上，以服务岗位需求为目标。技术技能基础课程模块主要包括两个体系，一是专业基础理论知识体系，侧重于书本知识，主要依据知识逻辑进行体系构建，要求对知识进行存储和记忆；二是基本技术技能体系，侧重于将知识应用于实践，以工作任务为逻辑进行课程构建，要求学生能处理实际工作中出现的问题。技术技能基础课程模块中的课程是现代学徒培养课程体系中的专业必修课程，是学生应该全部掌握并通过考试的课程，也是学生进行专业拓展和获得可持续发展能力的基础。

3. 技术技能拓展课程模块

技术技能拓展课程模块是技术技能基础课程模块的升级，如果说技术技能基础课程模块是基于行业通用基础能力要求设计的，则技术技能拓展课程模块是基于岗位（群）具体能力要求设计的。技术技能拓展课程模块旨在使现代学徒满足具体岗位技术技能要求，因而技术技能拓展课程模块的构建应依据企业具体岗位的核心能力、合作企业岗位用人标准，结合职业标准进行开发。需要特别注意的是，为提升现代学徒的适应性，技术技能拓展课程模块的开发要立足职业岗位群要求，因为在知识快速更新、社会分工快速转变的当下，职业的更新换代加快，新的职业不断涌现，旧的职业不断被淘汰，因此，技术技能拓展课程模块的开发应至少涵盖两个岗位方向，供现代学徒进行选择。

4. 可持续发展能力课程模块

我国坚定不移地实施对外开放的基本国策，迫切需要一大批具有国际视野、通晓国际规则、具有国际竞争力的技术技能人才。因而，高职教育现代学徒制人才培养应该包括对学生国际化视野的培养，这是现代学徒发展能力的重要组成部分，也是现代学徒培养的时代要求。对现代学徒的培养应以工匠思维作支撑，创新思维是工匠思维的核心组成部分，没有创新思维，现代学徒将缺乏活力与生命力。因而，在现代学徒制课程体系中要注重可持续发展能力课程模块的构建，培养现代学徒的国际视野、创新思维、终身学习理念等。根据各个职业的发展规律，着眼于现代学徒的职业发展路径设计课程，提升现代学徒适应职场变化的能力和可持续发展能力。

（二）现代学徒制课程体系构建原则

1. 职业性和教育性并重

现代学徒制是职业教育重要的人才培养模式，与其他人才培养模式相比，现代学徒制一方面能满足行业企业对人才需求的多样化、动态性要求，促进产业发展；另一方面又能满足学生成长成才的个性化需求。可以说，现代学徒制是高职教育职业性与教育性结合的完美体现。产业的转型升级与技术的更新换代，要求现代学徒制的课程重构应紧跟技术发展和技艺传承的前沿，基于新业态、新技术、新工艺、新岗位进行整合开发。同时，现代学徒制又是一种培养人的社会活动，以学徒获得生存发展的能力为目标，其课程重构更应以学徒的职业成长规律和可持续发展能力为出发点。

2. 职业技能与职业素养并重

零距离上岗、高质量就业和可持续发展是现代学徒制人才培养的质量优势。因而，在现代学徒制课程体系构建过程中，应注重职业技能的培养，凸显基于工作过程的逻辑、基于行动导向的教学方法，强化技术技能的传承与创新。此外，构建现代学徒制课程体系还要注重以"工匠精神"为特点的职业素养的培养，体现现代学徒的现代性特征，最终实现以职业技能培养为代表的显性课程与以职业素养培养为代表的隐性课程的结合与并重。

3. 学校课程与企业课程并重

现代学徒制是职业教育跨界特征的体现方式，职业院校和企业是现代学徒制人才培养中的两个最主要的主体，学校课程与企业课程具有同等重要性，二者不是孤立的个体，而是有机融合、相互促进的关系。在现代学徒制课程体系构建过程中，应将企业课程和学校课程进行贯通融合，校企联合开发课程，利用现代学徒制工学交替的培养特点，在学校和企业两个不同的教学场所中，将强调专业理论知识内化及基础技能培养的学校课程，与侧重职业技能训练、技术应用及职业素养养成的企业课程进行融通[①]。

（三）现代学徒制课程体系构建方法

课程体系的构建是一项系统性工作，受许多条件的制约，既要

---

① 谭春霞：《基于现代学徒制的课程重构策略与路径研究》，《黑龙江高教研究》2018年第11期。

遵循教育学一般规律、课程开发与实施基本规律，也要考虑职业教育的类型特征，更要体现现代学徒制的特殊要求。一般来说，现代学徒制课程体系构建包括构建程序和内容整合两大部分。

1. 现代学徒制课程体系构建程序

构建现代学徒制课程体系的第一步是确立专业人才培养目标，这是课程体系构建的基础和导向。应立足与专业对接的产业，开展行业、典型企业尤其是现代学徒制合作企业的深度调研，掌握行业发展现状、发展方向、发展需求，把握行业发展脉络，确定专业对应的岗位群，使专业人才培养目标及定位体现产业、行业及企业对技术技能人才的需求。二是进行职业能力分析，对标目标职业领域，对接企业生产、管理、服务一线岗位工作流程，确定主要岗位（群）典型工作任务，依据工作任务要求，开展职业能力分析，剖析具体岗位所需的知识与技能。三是开发课程模块，将职业能力所需知识与技能经过重构后按照工作流程与逻辑转化成课程模块，包含技术技能基础课程模块、体现岗位特殊性的技术技能拓展课程模块、满足学徒可持续发展的发展能力课程模块，以及通用的职业精神培养课程模块，组成模块课程结构表。四是编排课程结构，遵循学徒职业成长规律和双主体交替培养要求进行编排，要体现工学交替的要求，合理安排学徒在校和下企实践时间，针对不同类型和层次的学生，探索课程结构的多样性和弹性学制。

2. 现代学徒制课程体系内容整合

现代学徒制课程包括学校课程和企业课程两大块，基于现代学徒制人才培养的双主体性及校企交互性，整合课程内容，实现学校课程和企业课程的融合是其必然要求。一方面，要改变将学校课程仅当作理论课程的观念，应积极将企业真实项目、案例引入课程教学，将企业真实产品作为课程教学载体，积极推行项目化教学，打造工作情境课程；另一方面，企业课程在坚持以工作任务为教学单元的前提下，企业导师和技术人员应与学校教师积极协作，注重理论知识的转化，开发体现企业特色和行业特色的校本教材。需要指出的是，应将职业精神培养作为学校课程和企业课程融合的重要媒介，要突出职业精神的重要作用。在学校思政课程和职业素养课程中，充分利用真实项目、情境、文化氛围等培养学徒的职业精神；在企业充分发挥企业课程对于学徒职业精神培养的优势，让学徒在潜移默化中提升自身素质。

 三、现代学徒制教学方法的变革

（一）信息化给现代学徒制人才培养教学带来的挑战

当今，我们已经进入了信息化社会，信息化成为推动人类生产与生活方式转变的关键力量。信息化带动了工业化的发展，大数据的应用提升了企业的管理水平与决策能力，新技术的应用加速了企业的设备更新与产品研发，提升了企业的竞争力，物联网的发展与生产方式的柔性化、分散化、智能化，使得工作岗位对技术的需求越来越高。信息技术对教育的创新与发展同样具有重要的作用，成为推动我国教育变革的内生动力[①]。教育部出台的《教育信息化 2.0 行动计划》提出"以信息化引领构建以学习者为中心的全新教育生态""发挥技术优势，变革传统模式"。可以说，信息化给教育教学带来了新的机遇和挑战，呼唤教育教学方式的变革。现代学徒制人

---

① 高涵、唐志彬：《信息化时代高职教育课程改革初探》，《中国高教研究》2013 年第 9 期。

才是企业的"准员工",其"入学即入厂"的特性,迫切要求职业院校有适应其特性的教学方式与方法。

1. 教学内容的转变

在知识经济时代,知识的创造、存储与传播都发生了根本性改变,其内涵不断丰富,外延不断扩大。从知识的本质属性来看,知识不只是对客观事物和现实的表征,也不再以静态形式的经验积累呈现,知识变成了主体和客体相互作用的结果,体现出价值判断,具有创生的性质①。从知识的存储方式来看,由静态形式的经验积累转向动态多元的方式,具有存储数字化、载体多样化的特征。从知识的增长方式看,知识呈现出一种爆发式增长趋势,传播与创造的速度成倍增长,主体获取知识的途径广泛,知识共享性特征显著,其生命周期、成长周期逐渐缩短,更新换代速度加快。在信息化时代,知识的转型发展引发了学习内容的转变,现代学徒的培养要适应这种趋势,课程内容需要有取舍,也需要转变"拿来主义"的观念,要基于现代学徒培养要求对课程内容做出价值研判。知识的转型发展也引发了教学方式的变革,传统的教学方式无法适应知识的无限性,引导现代学徒掌握知识迁移层面的"学会学习",是现代学徒制教学方式变革的重要问题之一。

2. 教学方式的转型

在信息化时代,互联网技术、移动通信技术和智能手机的普及使信息的传播速度加快,瞬间互动传播成为一种日常状态。信息传播的媒介多样,形式多元,便携终端让人与人之间零距离互动和沟通成为现实。不受时空限制的信息获取与交换已经成为当下人们认

---

① 石中英:《知识转型与教育改革》,教育科学出版社,2013,第126-129页。

知世界的重要方式和生活中的一部分。不受时空限制的信息服务使学习不再是被动接受知识的过程，移动性自适应学习成为在互联网影响下成长的年轻一代的主要学习方式[①]。这种新的学习方式、认知方式和交流方式，给基于固定时间、固定地点、固定人员的传统课堂教学带来了极大的挑战，如何满足新型学习的要求、构建开放式学习方式，是现代学徒制教学方式变革需要考虑的问题。

3. 教学媒介的变化

技术的进步促使新的教学媒介产生，教学媒介由以物质实体为主要载体向以计算机网络技术和视听技术为主要载体转变，由主观性向智能性转变。教学媒介的这种数字化、智能化发展特征，扩大了其功能和作用，使其成为一种认知工具和学习资源，它的出现与应用创新了教学环境的组成、改变了教学资源的外显形式，让教学资源数字化、教学方式多元化。教学媒介的信息化特征要求改变单一的基于语言的知识传授，建立基于多渠道、多模式的知识传递与沟通方式，这对现代学徒制教学方式提出了更高的要求，成为现代学徒制人才培养中不可忽视的问题。

（二）现代学徒制人才培养教学的情境化与个性化要求

1. 情境化要求

职业教育以促进就业和适应产业发展需求为导向，服务社会和培养人才的基本职能要求其为企业培养大量高素质的技术技能人才，帮助受教育者获得职业发展能力，使他们有人生出彩的机会，

---

① 康淑敏：《信息化背景下的教学方式变革研究》，《教育研究》2015 年第 6 期。

为促进经济和社会发展提供动力。职业教育特殊的地位要求其教学内容是技能性知识，技能性知识是指导人们在实践或技术活动中如何做的知识[①]，是一种建立在大量实践活动之上获得的知道如何处理实际问题的能力知识，它既包括具体的经验与能力，也包括潜意识的反应。技能性知识生成于实践且应用于实践，不是纯理论的东西，具有典型的实践性特征。

技能性知识是个体在与情境的互动中生成的，具有情境性特征。从本质上看，技能性知识是一种怎样做的知识，包括思维和身体两个层面。作为职业教育重要的学习内容，技能性知识的传授方式要求职业教育应坚持"工学结合、知行合一"，注重教学内容与生产、社会实践的结合，坚持做中学、做中教的主线，在教育教学活动中凸显职业教育的职业性和实践性。现代学徒制人才培养的目标是为企业培养准员工，缩短毕业生和企业真实岗位需求的距离，实现毕业生的"零距离"上岗，提升受教育者的针对性和适应性，为企业培养更适合的员工，缩短新进员工的培训周期。可以说，在现代学徒制人才培养过程中更强调教学方法的情境性，职业院校要打造基于真实工作岗位的教学情境，使现代学徒置身于真实的或模拟的工作世界中，成为活动的中心、学习的中心。

2. 个性化要求

个体在成长过程中受遗传、环境、教育及主观能动性的交互影响，遗传在个体发展中起基础作用，环境是个体发展的外部影响因素，教育在个体发展中起主导作用，主观能动性是个体发展的决定性因素。正是因为各种因素的交互影响，才使个体在身体和心理上显示出彼此各不相同的特征。只有了解和掌握个体差异、在个体差

[①] 乔为：《从做中学：基于具身认知的视角》，《职业技术教育》2017 年第 31 期。

异上进行正确的引导，才能做到人尽其才、人尽其责，让人人都有出彩的机会。尊重个体的发展差异在教育中表现为"以学习者为中心"，其实质是以学生为主体，具体包括四个方面的要求。一是认识到学生是发展的主体，是正在成长的人，潜能是巨大的，是不成熟、没有定性的；二是学生是独特的主体，不是抽象的受教育对象，是有丰富个性的具体的人，是独一无二的；三是学生是教育活动中的主体，在教育活动中学生具有主观能动性；四是学生是责权主体，享有一定的法律权利并承担一定的法律责任。现代学徒是成长中的个体，企业学徒的身份对其有更高的要求，要求其能很好地适应新时代对技术技能人才的要求，为企业贡献创造力和想象力，提升企业竞争力，满足企业个性化的定制需求等。因此，个性化的教学目标不仅包括传授学科知识，还要让学习者学会学习，让学习过程成为自我发展的过程。

（三）现代学徒制教学方法的创新路向

1. 教学顺序的翻转：先学后教的定位

传统的教学方式多以教师为中心、课堂为中心、书本为中心，虽然教育界一直呼吁开展教学方式改革，但至今没有改变职业教育教学以教师讲授为主、学生被动接受，学生个性被忽视、创造力被压制的事实。现代学徒制人才培养首先要改变传统教学观念。要树立"以学习者为中心"的教育理念，尊重学徒个性，注重学习能力培养，转变先教后学的教学方式，推行先学后教的教学方式。先学后教看似仅是学习顺序的变化，实际上体现了学习者的中心地位。这需要我们重置教师角色、师生关系，教师的角色不再局限于知识的传授者，也不再是教学的中心，教师是学生学习过程中的引导者、答疑者，重在提供咨询与帮助；学生不再是知识的被动接受者，而是知识的主动学习者，教师和学生的关系是一种合作、探究的新型关系，是一种平等交往与民主协商的关系。二是教学目的的转变。要转变将教学目的定位于传授知识的想法，要认识到学比教更重要，学习能力的培养比知识的传授更为重要，教只是实现学的工具，要为了学而教。同时也应该认识到，学并不依赖于教，二者并不一定要同时进行，借助互联网，学生的学习可以摆脱对教的时空依赖，可以随时随地、可以无处不在。教学的形式多种多样，不是只有在固定的时空下师生面对面进行知识传授这一种形式，学习变成一种可以在任何环境、任何地点开展的自主行动。三是生生关系的重塑。在传统教学中，学生大多数时候是一种独立的存在，彼此之间缺乏互动。先学后教推崇的是学生的自主探究，学生之间需要合作互助，学习变成了互动对话的过程，这种对话不仅包括与教师对话，也包括与同伴对话。

2. 教学资源的丰富：多样化的资源形态

在信息时代，大规模、开放式的在线教学模式将传统教育的知识接受链进行了扩展，现代学徒制人才培养的教学方式由传统的线下课堂教学，转向线下与线上相结合的授课方式，教学资源的建设也应该顺应这种形式，形成纸质与数字化融合互补的教学资源。一是线下教学资源的建设。虽然线上教学发展迅速，但是线下教学在人才培养中仍有其优势，要提升线下教学的质量，就必须在教材和教学内容上进行改革。教材开发要关注企业用人需求、学生现有基础和终身发展需求，将学生需求放在中心位置；既要关注专业技能培养，又要关注行为习惯、职业素养的养成；要突出理实一体，强调实践性。要开发基于典型工作项目的活页式教材，依据岗位工作流程和任务，分析完成工作任务所需的技能、知识及素养，并将其转化为教学任务清单，形成模块化教学内容。要充分利用活页的灵活、组合、开放特性，形成活页式教材，将教材的功能定位从"供应—接受"转变为"用户—服务"。二是线上教学资源的建设。职业院校要加强数字化教学资源的开发力度，配合活页式教材开发专业图片素材库、虚拟仿真课件、实况操作视频、情景视频等资源，提供相关专业的高新技术知识、相关职业发展前景等。要注重慕课、微课、视频公开课等在线课程资源的开发与利用，为学生提供更多自主的、个性化的、开放的课程资源，增加教学资源的自主选择性，构建自主学习空间。三是开放性教学资源的建设。要根据课程性质和人才培养目标定位，将课程内容进行重组，形成既符合知识与教学逻辑又具有迁移性的模块化教学资源；要收集行业案例、专业设计等没有经过加工的原始素材，形成情境性的素材型教学资源；要将课堂中的隐性知识、过程性资源等加以收集和利用，形成教学的生成性资源，拓宽现代学徒的知识面与视野。

3. 教学形式的混合：多种组织形式的结合

教学组织方式的核心在于信息的传递方式，教学形式的变革核心在于改变传统的以知识传授为主的单向线性组织结构，打造多种形式组合的教与学多向沟通交流的方式。在教师教法变革方面，一是实施以方式方法为主导的讲授型教学，改变传统讲授型教学以知识灌输为主的方式，以核心知识点和原理为重点，精简教学内容，重点指导学生掌握思维方式和解决问题的方法，辅以可视化教学信息和资源，给学生提供情境化的知识；二是推行以问题为导向的对话式教学，通过知识关联、思维开放、学科交叉等途径构建有效的核心问题，围绕如何解决核心问题，推动学徒探究与思考；三是提倡项目化的专题教学，以项目为载体，通过实际操作和解决问题，推动相关知识的教学和技能的传授。在学生学法变革方面，一是倡导基于开放式教学资源的自主学习，使学生利用互联网和信息技术，依托多样化的资源形态，开展自主学习；二是推行基于主题的碎片化学习，使学生利用闲暇时间，通过学习视频等资源，针对小知识点和项目开展学习；三是开展基于兴趣的个性化学习，使学生从兴趣爱好出发，发展自适应学习能力。在教师与学徒互动方面，一是充分利用信息化手段和数字化平台，由教师上传各类学习资料至云空间，实现教学资源的共享；二是利用大数据分析技术，对学生的学习过程进行数据采集和描述，依据学生的预习情况，甄选疑难问题，提前做好教学安排，即时开展教学控制和反思，提高教学水平和评价的准确性。

4. 教学环境的打造：职场化的课堂情境

教学场所的情境化指在职业院校的教学空间内呈现职业场所的真实情境，实现课堂情境与职场情境的高度融合。课堂情境是根据教学需要创建的，具有预设性、生成性和复杂性的特点，其作用是在新的教学内容与学生已有经验之间建立起有意义的连接，从而实现学习的有效性。课堂情境的内容是偏抽象与理性的。职场情境指工作的场所，不仅包含职业活动发生的物理空间，也涵盖其间产生的社会关系，是二者的结合体，具有真实性、社会性、动态性的特点。职场情境的内容是偏具体与感性的。课堂情境与职场情境本身是割裂的、相互独立的，但是现代学徒制人才培养要求实现二者的跨越与融合，进而实现知识、技能、素养、精神的一体化培养。要实现二者的跨越与融合，一是要打造情境化的教学现场，参照生产现场布局，实现教学现场特别是实践教学现场的功能分区，实现教学区、作业区、展示区等的功能划分；二是完善课堂教学的管理工作，引入企业现场管理理念及管理制度，制定学徒、设备、耗材、安全、环境等各类管理制度，形成规范化的管理标准，从粗放式管理走向精细化管理，提高教学效率；三是营造生产氛围，通过粘贴安全标语、操作规程等标识及引入企业奖惩机制，让学徒感受企业文化、体验企业制度；四是注重学徒习惯的养成，参照企业要求，规范学徒出勤、行为习惯等，培养学徒的纪律观念、责任感和安全意识。

四、现代学徒制双导师队伍的建设

（一）现代学徒制人才培养中的双导师制

现代学徒制将传统的学徒培养进行改造，继承其培养方式，并加入现代学校的教育教学理念。现代学徒制要求校企合作育人，对现代学徒的培养需要一支校企联动的教学团队。双导师制是实现现代学徒制这一要求的路径。在教育部先后三批发布的现代学徒制试点实施方案中，均强调了"完善双导师制"的重要性。2018 年，人社部、财政部印发的《关于全面推行企业新型学徒制的意见》明确提出，在企业新型学徒制培养中建立企校双师联合培养制度。

现代学徒制中的双导师制指学校教师和企业师傅以导师的身份同时与学生建立师徒关系，学校教师主要以班级授课形式对学生进行理论知识教学，企业师傅以结对的方式对学生进行技术技能实操的传授。在双导师制中学校教师和企业师傅并不是一种割裂的、独立的关系，他们是一种协同合作的关系，共同制订学徒教学方案、开发专业教学标准、承担专业教学任务、指导实习实训等，同时学校教师要下厂定岗学习，企业师傅也要进校园开展教学理论培训等。可以说，企业师傅用娴熟的技术技能弥补了学校教师技术技能实践缺乏的短处，学校教师用扎实的理论功底和丰富的教学组织管理经验，弥补了企业师傅的不足。高水平的工程师和技能大师是技术创新和技艺改造的高手，但却不适应人才培养工作；掌握生产核心技术的工程师们，虽然拥有高技术和高学历，但对教育规律和教学方法不够了解，传授的有效性受到影响；从事多年生产工作的技师们，有着丰富的实践经验，但专业理论不扎实，很难将实践与理论完美结合；生产一线的技术工人操作技能娴熟，却可能因为学历不高等问题，无法解释相关理论知识。可以说，双导师制是最适合现代学徒制人才培养的制度。

在双导师制中，学校教师和企业师傅共同承担着以下职责。一是职业支撑功能。学校教师通过教学传授学徒基本知识和技能，为学徒职业发展提供基础；企业师傅通过一对一的教学和指导，向学徒传授岗位需求知识和技能，以及解决实际生产中问题的能力。此外，得益于师徒关系，企业师傅还可以通过自己的社会资源网使学徒获得更多的社会资源，提升学徒晋升和发展速度。二是心理支持功能。学校教师能够通过课堂教学和学校文化对学徒进行道德和家国情怀的培养，引导学徒树立正确的人生观、价值观，增强学徒的心理承受能力。企业师傅可以在人际交往中指导学徒，帮助初出茅庐的学徒解决复杂的人际交往问题，通过言传身教和工作引导，提升学徒职业效能感和职业自豪感。三是传递企业文化功能。企业师傅在教育学徒的过程中通过传递企业的价值观念和行为规范，促使学徒接受企业文化。四是知识的分享与创造功能。企业导师制是企业人力资源开发的重要方式，也是企业知识管理的有效形式，企业导师掌握了企业更多显性的或隐性的知识，特别是在实际操作中积累的知识大多是书本中没有的，只能通过导师的行为活动等形式传授。同时，师生结合也是一个知识创造的过程，"名师出高徒""青出于蓝而胜于蓝"就是这个道理①。

（二）现代学徒制双导师队伍的建设路径

1. 双导师队伍的组建

制定双导师队伍建设标准是保障现代学徒制试点中教学团队良好发展的前提，双导师队伍的能力条件、工作积极性等因素直接影响职业院校人才培养质量。然而，我国至今没有制定出一套切实可行的"双导师制"选拔与组建标准，各试点单位目前都根据自身情况制定不同的组建标准，这也是现代学徒制成效有差别的重要原因。为此，出台双导师的选拔标准和组建原则非常重要。

现代学徒制中学校导师包括公共课教师和专业课教师，依据人才培养方案，原则上应按照一课一师制配置导师，对学校导师的基本要求为年龄一般在 25～55 周岁之间，中级以上职称或高级工，具有 3 年以上的教学经验。同时还要求专业基础理论扎实，具备一定的实践操作技能，有企业实践经验。这些标准有利于学校导师参与课程开发及专业建设，便于和企业导师沟通。企业导师一般按 1∶1～6 配置，即 1 名企业导师至少带 1 名学徒、最多不超过 6 名学徒②。对企业导师的基本要求为年龄一般在 25～55 周岁之间，具有专科以上学历，中级以上职业资格，至少 3 年以上工作经验。同时要求技艺精湛，爱岗敬业，为人正直，热爱教育，实践能力强，这些标准有利于企业导师向学徒传授企业及行业实践技巧和精湛技艺。由于现

---

① 朱必祥、谢娟：《企业导师制的功能和导师的角色关系分析》，《南京理工大学学报（社会科学版）》2011 年第 12 期。

② 单文周、李忠：《现代学徒制试点中双导师制：内涵、瓶颈及路径》，《社会科学家》2019 年第 8 期。

代学徒制人才培养不同于一般的学历教育，也别于企业的员工培训或培训机构承担的员工岗前培训，因此现代学徒制中的双导师队伍建设要在充分考虑学校与企业导师特长、职业能力的情况下，遵循优势互补原则，在不同教学阶段，根据培养的实际进行合理的动态配置。此外，要明确双导师的职责与分工，在现代学徒制人才培养中，双导师共同承担专业教学任务、实习实训指导等工作，既注重学徒职业技能的培养，也注重学徒职业精神的培育。总体来说，学校导师主要负责公共基础课程和专业基础课程的教学，以理论课程为主；企业导师主要负责专业基本技能训练和企业岗位技能训练，以实践操作为主。学校导师和企业导师在明确各自职责与分工的前提下，通过加强沟通和交流，互帮互助、优势互补地提升学徒培养的质量。

2.　学校导师培养路径

培养现代学徒制双导师队伍的一种行之有效的方式是"互聘共培"。学校聘用企业技术骨干作为兼职教师和现代学徒制企业带徒师傅，并对其进行教育教学能力培养；企业聘用学校优秀教师作为技术顾问，并对其进行岗位技能培养。二者各有侧重，培养方式也不相同。对学校导师的培养重在技能的提升，具体来说，一是职业院校要健全教师进修制度，支持在职教师参加培训和学历进修，提高技能和学历。二是职业院校要注重教师师德师风和职业素养的培养，使教师在思想政治上爱国、听党指挥，为社会主义建设培养接班人；在意识形态上有正确的人生观、价值观，积极向上、乐观开朗；在师德素质上爱岗敬业、风清气正、以身作则；在专业素养上精益求精、传道授业。三是职业院校应加强教师职业技能培养，通过引进外部优秀教师和培养校内骨干教师等方式，改善教师队伍的结构，提升教师队伍的整体素质；通过送教师参加技能培训和请企业技术能手来校教学的方式，提升教师的技术技能水平；通过顶岗实践，让教师深入企业学习，熟悉企业生产流程、生产工艺、技术要求等，提升教师的实践操作能力；通过技能竞赛、企业专家讲座等方式，培养教师的创新能力。

3. 企业导师培养路径

对企业导师的培养一方面通过企业内部的培训进行，另一方面通过职业院校强化职业教育规律、提升职业教学能力进行。在职业院校培养企业导师方面，一是加强企业导师课堂教学基本能力的培训，使企业导师掌握多媒体手段的运用、教案的编写、教学方法的运用等。二是加强企业导师掌控课堂教学内容的培养，让企业导师所教知识、技能与专业深度融合，使企业导师掌控课堂教学内容。三是加强企业导师教学资源建设的培养，使企业导师掌握微课、慕课等网络教学资源的建设方法。四是加强企业导师项目开发能力培养，使企业导师能将企业的工作岗位要求和专业教学相结合，设计企业化的课程内容，开发有针对性的课程和企业化教材。五是加强企业导师将隐性知识融入教学的能力培养，许多企业导师在工作岗位、生产加工中积累了丰富的经验，这些经验是一种隐性的知识，加之意识形态领域的企业文化，都需要企业导师在工作过程中以实际操作和言传身教来使学徒领会。六是注重企业导师团队合作能力的培养，通过定期召开专业座谈会、课程建设讨论会、技能比赛等交流活动，一方面培养学校教师和学徒的企业文化理念与职业道德素质，另一方面使企业导师领会职业教育的文化内涵。通过这些活动增进学校导师和企业导师的交流与合作，提升整个现代学徒制导师团队的合作能力，增强人才培养能力，促进现代学徒制人才培养的顺利实施。

（三）现代学徒制双导师制度的保障机制

现代学徒制双导师制度的顺利实施需要制度作保障。从企业的角度来说，一是要建立与职业院校深度长期合作的制度，校企深度合作是现代学徒制持续顺利开展的关键因素。二是构建完善的激励机制，企业导师带培现代学徒会耗费一定的时间与精力，企业应该有带徒奖励或完善的工作量转换机制，这样才能激励技术水平高的企业导师参与到现代学徒制人才培养中来。从职业院校的角度来说，一是建立导师互聘共用机制，校企双方应结合人才培养方案制订双导师聘任计划，根据双导师队伍组建标准确定人选并签订聘任协议。通过共建"大师工作室"等发展平台，鼓励双导师在职业院校和企业的技术研发、科研攻关中贡献力量。二是建立导师的考核与评价机制，考核要体现主体的专业性和多元性。职业院校和企业作为评价主体，应严格按照专业教师考核管理办法对学校导师开展考核，考核包括教学效果、企业实践及服务情况等指标，考核结果作为学校导师工作绩效考核及职称晋升的依据。对企业导师要按照企业员工岗位技能标准和学校兼职教师考核管理办法开展考核，包括承担的教学任务、带徒质量等考核指标，考核结果作为奖金发放、职业资格晋升及续聘的依据。三是建立完善的津贴制度，职业院校应依据兼职教师津贴标准、企业导师国家职业资格证书等级等，结合企业导师考评结果，给予企业导师带徒津贴。

五、现代学徒制教学管理的创新

现代学徒制生源具有多样性的特点，既包括通过高考招录进来的传统生源，也包括来自企业的在职员工，还包括退伍军人、农民工等非传统生源群体。生源的多样性需要职业院校切实考虑现代学徒"招得进""留得住""学得好""发展好"等问题，这要求高职院校需要对教学管理进行创新。

（一）优化入学机制

《国务院关于深化考试招生制度改革的实施意见》（国发〔2014〕35 号）文件明确提出，要加快推进高职院校分类考试。自文件颁布以来，各地进行了积极有益的探索。目前，高职院校入学方式有统考统招、单考单招、自主招生、中高职融通招生、注册入学、免试入学等，招考方式包括文化素质考试、职业技能测试/职业适应性测试、免试录取等[1]。高职院校现代学徒面向传统生源群体和非传统生源群体开展招生，普通高等教育入学考试以选优为原则，主要目的是选拔适合接受高等教育的人才，考察的内容主要是文化理论知识。高职教育是一种教育类型，本身与本科层次的教育就具有显著差别，高职院校的入学甄选应重点放在甄别学生学习基础、帮助学生选择最适合的学习机会上。现代学徒既要有一定的文化理论知识，又要具有较强的操作能力，还应具有一定的职业知识，因而，普通高等教育入学考试并不完全适用于现代学徒的筛选，完善高职入学机制意义重大。针对现代学徒生源的复杂性特点，高职院校招生考试需要进行以下优化。

1. 坚持分类考试，完善"文化素质+职业技能"评价方式

高职院校要重视职业教育的类型特征，把学生是否具备专业学

---

① 付雪凌：《变革与创新：扩招背景下高等职业教育的应对》，《华东师范大学学报（教育科学版）》2020 年第 1 期。

习基础、是否适合专业学习作为主要评估依据，真正甄选出适合继续进行专业学习或具备相关潜质的学生。高职院校要坚持"文化素质+职业技能"评价方式，文化素质成绩使用学生高中学业水平考试成绩，同时加大职业技能考查比重和开展职业适应性测试。高职院校可以利用单招或参照单招组织职业技能考试，加大对学生职业技能水平、基础知识和专业知识的测试。针对没有专业技能学习基础的生源，开展以职业意识、职业潜质和职业素养为核心的职业适应性测试，对学生与报考专业（职业）的匹配度、从事专业学习的潜质和通用技术素养的水平进行测评，其结果作为录取的依据。为了保障职业适应性测试结果的专业性、科学性，真正甄选出人才，需要结合高职教育工学结合的人才培养模式特征及深入的职业适应理论研究，构建体现专业特征的职业适应性测试系统。

2. 完善学习认可机制，推行注册入学制度

针对现代学徒中的非传统生源，如有过工作经验的非应届毕业生、企业新进/在职员工、退伍军人、农民工等，高职院校要完善学习认可机制，推行注册入学制度。对部分技能拔尖人才、取得相关职业技能等级证书的考生，结合其先前的学习和工作经历，可以给予免试录取或部分免试资格。对其前期学习成果的认定，不仅可以作为免试的条件，还可以沿用到入学后的课程免修中。高职院校注册入学制度是指任意求学者，只要具有前一个层次的学历，就可以报名注册参加下一个高层次学历的学习，不参加高考，不填报志愿，学校通过注册直接录取学生[1]。注册入学是"多元化"录取的表现方式，适应了社会对多样化人才的需要，给予了特殊人才接受高等教育的机会，是尊重学习者个性发展的体现。注册入学是传统意义上

---

① 范康健：《高校注册入学招生制度探析》，《中国成人教育》2011年第23期。

招生管理体制的创新，它让高职教育更具灵活性。注册入学并不是没有标准的入学，也不是降低了学习要求，注册入学是一种"宽进严出"的教育，从某种意义上说，现代学徒的注册入学在一定程度上稍微降低了对文化基础知识的要求，更加注重与职业领域密切相关的专业基础知识及技能应用知识。

3. 提供专业选择的咨询与辅导

高职院校要重视招生宣传工作，特别是在现代学徒选择专业时要进行提前介入和干预，事先提供高职院校专业就业方向、培养方式、毕业要求等信息，防止现代学徒在选择专业时盲目跟风。高职院校要根据现代学徒的学习经历、实践经历等，给予他们最优化的专业选择咨询。通过测试、咨询和指导等方式，引导现代学徒选择最适合自己的专业。

（二）完善弹性学制

弹性学制是弹性学习制度的简称，弹性体现适应性要求，即时间、空间、内容等方面的可变性；学习体现主体性要求，即以学习者为中心；制度体现规范性要求，即标准的达到、不同教育类型和层次之间的沟通衔接。从微观上看，弹性学制是学习内容具有可选性、学习年限具有可变性、学习时间和空间具有不定性的一种学校教育模式。从宏观上看，弹性学制是实现各类、各层次教育沟通、衔接，为学习者提供更多选择的制度[①]。弹性学制有以下几个显著特征。一是入学途径的便捷性。弹性学制可以让学习者通过免试入学和注册入学进入更高层次院校学习，可以突破入学的制度障碍，这

---

① 孙志河、陈光华：《弹性学制下的职业教育形态》，《职业技术教育》2000 年第 34 期。

有利于非传统生源的现代学徒进入高职院校学习,为更多的人提供学习机会。二是学习内容的自主性。弹性学制赋予学习者根据自身爱好和基础选择课程的权利,顺应了学习者个性化发展的需求。三是学习年限的可变性。弹性学制使学习者在国家规定的学制基础上自行规划学习年限成为一种可能,不再受制于统一的年限,让因人而异地分配受教育时间成为现实,在一定程度上提高了教育效率。四是学习时空的无限性。学习者可以根据自身条件选择学习时间、地点、方式,让学习不再受时空的限制,平衡了学习与工作的需求。弹性学制的特征与优势,满足了现代学徒生源多元的特点,促进了现代学徒制人才培养方式的革新,是现代学徒制人才培养变革与创新的方向。

从弹性学制的特征可以看出,高职院校弹性学制的成功实施涉及诸多因素,学分制是弹性学制顺利实施的基础,选课制是弹性学制顺利实施的核心,导师制是弹性学制顺利实施的支撑与保障。因而,高职院校完善弹性学制也应从学分制、选课制和导师制着手。学分制的建设后文会单独讨论,选课制的完善需要建立在课程体系的重构与模块化课程建设之上。高职院校应通过"解构"和"聚合"职业岗位所需的知识、技能和态度,重构课程体系,打造"平台+模块"的能力进阶型课程体系,实现底层平台课程的共享、中层模块课程的分立、高层拓展课程的互选。平台课程包括公共基础平台课程和专业基础平台课程。公共基础平台课程的设置应注重实现人的全面发展,注重对学生职业素养和职业道德的教育。专业基础平台课程是专业群内多个专业的共享课程,应以使学生获得通用技能和满足专业群对职业人的可持续发展要求为目标。专业模块课程是专业群的核心课程,应根据不同工作过程或工作任务设置教学模块,通过模块实现不同专业人才的分流培养和能力培养目标。拓展课程是为满足岗位需求和适应职业能力迁移而设置的学生自主选择课程。"平台+模块"课程体系既能使学生获得通用性技能，又能使学生获得专业的特殊性技能，为现代学徒的课程自选提供了多样化的选择。因为弹性学制具有灵活性、开放性、自主性、选择性等特征，学习者具有高度的自主权，对于职业规划清晰、目标明确、学习动力强劲的学生来说，这是加速学习、获取知识的高效途径。对于职业规划模糊、自律性欠缺的学生来说，高度的自主权可能会带来相反的结果，这就需要导师的引导。为保障弹性学制的顺利实施，高职院校需要以班级为单位配置专业导师，负责帮助现代学徒制订个性化的学习方案，为学习者提供选课咨询、职业规划等专业性辅导等。此外，弹性学制的实施还需要现代化的管理手段作支撑，因此需要借助教育管理信息系统来实现教学管理的规范性和灵活性。

（三）健全完全学分制

《国家职业教育改革实施方案》（国发〔2019〕4 号）是引领我国新时代职业教育改革的重要文件。在第二大点"构建职业教育国家标准"中，明确提出要"实现学习成果的认定、积累和转换""加快推进职业教育国家'学分银行'建设""探索建立职业教育个人学习账号，实现学习成果可追溯、可查询、可转换"。学分银行是为学习者便于进行学习成果认证、积累与转换而设置的基于学分制的体系[1]。学分银行的设立有利于实现各类教育之间的衔接与沟通，使学习者不受时空限制学习，并依靠学分的积累获得学历、资历、资格等的持续晋升。构建国家学分银行对学习者有着重大意义。一是国家学分银行能够满足学习者自我成长的需求。学分银行能够整合

---

[1] 王春娟、李嘉林：《我国职业教育国家学分银行建设的必然、实然与应然》，《职教论坛》2019 年第 6 期。

资源，其提供的查询与搜索功能可以为学习者获取优质教育资源提供方便；学分银行能够持续提供学习动力，能为学习者构建自我成长通道；学分银行对接国际人才体系，有利于学习者国际化视野和国际通用能力的培养。二是学分银行为学习者提供技能提升的平台。学分银行是一种基础性平台，包含学分供给者、学分获得者、学分评判者等，能为所有参与者提供全技术保障和信息支撑，使学习者了解获取资格的全部要求，展现向上晋升的全面信息和资源，使学习者明确学习轨道。三是学分银行为学习者提供应对挑战的能力。学分银行是一种教育观念的变革，是以学习者为中心的新型教育模式，能够促进职业教育标准建设的落地，在全社会形成终身教育的氛围，这些观念和模式的转变将为学习者应对挑战提供支持。

在我国学分银行的概念在政策文件中最先出现于 2005 年的《关于加快发展中等职业教育的意见》中，自此关于学分银行的研究与实践开始推进，先后出现了普通本科高校、职业院校及其联盟学分银行，企业学分银行，终身教育学分银行等类型。这些学分银行各有其功能定位，普通本科高校、职业院校及其联盟学分银行主要为了方便校内学分互认和积累，促进学校间的合作；企业学分银行主要依托企业，是为了促进民众和员工的终身学习；终身教育学分银行主要依托国家开放大学，以在线教育为主要方式，贯通了学历教育与非学历教育、正规教育与在职教育的衔接通道，实现了各类学习成果的积累与转换。虽然我国对学分银行进行了有益的探索，但也存在诸多缺陷。首先，从实际情况上看，现有学分银行的设立有人员的局限性，主要针对特定的人群，如在校学生、企业员工、学历提升人员等，与学分银行面向所有人的本质有一定的差距。其次，学分银行呈相互割裂的状态，不同类型的学分银行各自为政，在有限的范围内推行与实施，缺乏开放性，相互之间的整合与贯通不够。最后，学分银行体系不健全。目前的学分银行整体覆盖面不是很广，不能较全面地覆盖行业产业岗位的学分体系、认证体系、累积体系和兑换体系，系统的健全性有待提升。

正是因为上述原因，导致我国的学分制目前多为学年学分制，而不是理想的完全学分制。现代学徒制人才培养的创新，需要有与之适应的管理制度，前文我们已经提到过弹性学制，而学分制则是弹性学制实施的基础，完全学分制的构建需要从以下几个方面着手。一是需要明确完全学分制的实施不是几所职业院校、几个地区就能够实现的，而是需要站在国家的高度，聚焦现代职业教育整个体系构建，政府要做好顶层设计与规划，从立法上授予学分赋予机构地位与权利，让学分银行内学习成果认证、积累及转换有法可依，提升学分银行的社会认可度和公信度。二是设立专门的学分银行运行机构，改变各类型学分银行运营主体各自为政的现状，成立独立于职业院校、行业企业、社会培训机构等学分赋予主体以外的学分银行运行机构，保障学分银行的公平性和中立性。三是制定统一的标准，针对同一专业、岗位、工种，建立统一的学分标准体系，改变学分赋予相对混乱的局面，提供一整套学分认证、积累与转换标准。四是扩大成果认证范围，将成果认证从局限于校内正式课程学习扩展到非正式学习范围，涵盖经验、比赛、资质、资格、业绩、成绩等，提升社会人员成果的认证度。五是健全质量保障体系，在学分银行内部设立质量保障部门，利用信息化平台与手段监测学分银行运行，或通过第三方机构开展全面质量监控，并出具年度质量监控报告等。

第八章

学徒制的拓展与创新：企业新型学徒制

  2014 年，教育部颁布了《关于开展现代学徒制试点工作的意见》（教职成〔2014〕9 号），一年后人社厅、财政部发布《关于开展企业新型学徒制试点工作的通知》（人社厅发〔2015〕127 号）和《企业新型学徒制试点工作方案》，决定在 12 个省（区、市）开展为期两年的企业新型学徒制试点。2018 年，人社部、财政部印发《关于全面推行企业新型学徒制的意见》（人社部发〔2018〕66 号），开始在全国范围内全面推行企业新型学徒制，力争到 2020 年年底培训 50 万名以上的企业新型学徒，从 2021 年开始，实现培训学徒年均 50 万名的目标。作为传统学徒制的发展和创新，现代学徒制和企业新型学徒制都继承了传统学徒制的基因，但二者在出发点、视角、主体职责等多角度又存在不同。本章从政策文本出发，对比现代学徒制和企业新型学徒制，回答企业新型学徒制"新"在何处，对其进行内涵辨析，研究其发展瓶颈和推进策略，以期改革技能人才培养制度，更好地为壮大新动能、产业转型升级和现代企业发展培育知识型、技能型、创新型人才。

一、企业新型学徒制的内涵辨析

（一）传统学徒制的基因表征

学徒制成为一种制度，是其性质由私人转换到公共以及行会规章制度赋予行会对学徒制监控的权利推动的[①]。因此，严格地说，"学徒制"这一专业术语在 13 世纪才开始被使用，是中世纪欧洲手工业发展的产物。由于各国学徒制发展的不同步，传统学徒制基因的提取不仅需要面向制度意义上的学徒制，还需要面向原始意义上的学徒制。传统学徒制根植于手工业，其覆盖的职业范围主要是手工和技艺行业，是维系和扩张家庭生产的主要方式，也是行会控制生产的重要手段。企业新型学徒制继承了传统学徒制的行业基因，主要面向现代产业。传统学徒制有稳定的师徒关系，学徒技能的培养依赖于师傅的言传身教，其关系是长期的、稳定的，师傅与学徒不仅是师生关系，更是雇佣关系。企业新型学徒制继承了传统学徒制的师徒关系，强调导师的重要性，并进行了创新，将单一师傅拓展为双导师，将雇佣性的师徒关系转变为公共性的师生关系。传统学徒制采用现场指导的方式，师傅在实际生产中传授学徒技艺，通过

---

① 祁银德：《传统学徒制基因在现代职业教育中的表达和变异》，《职业技术教育》2014年第 13 期。

言传身教引导学徒为人处世。企业新型学徒制的教学方式与之一脉相承，采用校企合作、工学交替的培养方式，既注重技能和职业素养的培养，也注重理论知识的传授。传统学徒制侧重实践评价，评价主体以师傅为主，也包括用户的满意度，企业新型学徒制继承与创新了实践评价，开展多元评价，评价主体与内容更加多元化。

（二）创新培训的政策意图

传统学徒制招收学徒最开始是一种个体行为，这是由个体手工业经济基础决定的，师傅招收学徒的目的并不是为了培养人才，而是为了有人能够帮助自己更好地完成工作，因此，学徒训练时间非常长、技能水平提升缓慢，对师傅的人身依附严重。工厂出现之后，个体经济受到冲击，招收学徒的主体变为工厂，但其首要目的也是为了满足工厂生产的需要，而不是培养人才[1]。可以说，传统学徒制的出发点是一种生产需求。我国的现代学徒制不再是一种个体行为，而是上升为一种国家行为，其产生的基础是现代职业教育体系，遵循的是现代教育科学逻辑体系，具有公益性和公共性，其目的不再是员工雇佣，而是培养满足现代企业需要的高技术技能人才，是职业院校技术技能人才培养模式的反思和变革。与现代学徒制的推进部门是教育部不同，企业新型学徒制的推进部门是人社部和财政部，推进部门的不同折射出两种学徒制政策意图的差别。实施企业新型学徒制是为了促进企业技能人才培养，壮大产业工人队伍，其政策意图是创新企业职业培训制度，为经济高质量发展提供有力的人才支撑。

---

① 徐国庆：《高职教育发展现代学徒制的策略：基于现代性的分析》，《江苏高教》2017年第 1 期。

（三）企业主导的多元培养

传统学徒制的培养主体比较单一，培养主体只有师傅，且在绝大多数情况下要求学徒对师傅保持忠诚，学徒更换师傅的情况比较少见。现代学徒制采用校企双主体育人、学校教师和企业师傅双导师教学形式，在实施过程中主要以职业院校为主导，企业参与现代学徒招生与招工方案的制订，共同开发课程和教材，共同开展考核评价、科技攻关等。由于现代学徒制采用以职业院校为主导的培养形式，导致企业在现代学徒制人才培养过程中话语权有限，参与现代学徒制人才培养的积极性不高，校企合作呈现"校热企冷"的局面，培养的人才也不能完全适应企业需求。企业新型学徒制在一定程度上有效解决了以上弊端，其培养主体比较多元，包含企业和培训机构（包括职业院校、技工院校、职业培训机构、企业培训中心等），采取双师带徒形式。具体来说，以企业为主导，承担学徒培养的主要职责，负责明确学徒培训目标、内容与期限、考核标准等，并以导师带徒的方式承担部分培训任务。培训机构则通过接受企业委托承担学徒专业知识及部分技能训练任务。

（四）灵活多样的培养方式

现代学徒制的培养对象是在校学生和企业员工，而企业新型学徒制的培养对象是与企业签订一年以上劳动合同的技能岗位新招和转岗人员。培养对象的差异赋予了企业新型学徒制更加灵活多样的培养模式，其培养模式是"企校双制、工学一体"，企业与培训机构签订合作协议，按照培训任务的不同，采取不同的体制，以工学交替的方式共同培养学徒，在企业主要采取企业导师带徒方式，在培训机构则采取工学一体化方式；培养目标定位于企业岗位需要的中高级技术技能人才，周期为 1～2 年；培养内容以专业理论知识、操作技能、安全生产规范和职业素养、工匠精神为主；在管理上强调过程管理和质量监控的重要性，主张注重学制的弹性和学分的积累；培训效果可通过获取相应的职业资格证书和参加企业自主开展的技能评价来反映。

（五）成本分担的投入机制

传统学徒制对学徒的培养投入主要来自师傅或工厂，两者都是自发行为，没有来自政府的公共财政支持。现代学徒制的扶持政策比较宽泛，主要体现在推动出台扶持政策，加大投入，通过财政资助、政府购买等奖励措施引导企业和职业院校开展试点方面，指导操作的作用有限。在实际实施过程中，政府拨付生均经费，企业向学徒支付一定的、合理的实习工资。企业新型学徒制在学徒培养投入方面做了详细的规定，政策相对具体，操作性较强，主要采用的是成本分担的投入机制，以企业为主、政府为辅。企业向学徒支付学习期间合法的工资、向培训机构支付学徒培训的费用、给予承担带徒任务的企业导师带徒津贴、承担学徒在岗培训等在企业内部产生的费用。人社部会同财政部按每名学徒每年不低于4000元的标准给予企业职业培训补贴，并制定补贴逐步提升机制；通过社保补贴政策，对参加学徒培养的应届高校毕业生和就业困难人员给予补贴。

二、企业新型学徒制的发展困境

（一）职工参与新型学徒制的动力调动问题

目前，企业新型学徒制的培养对象限定于企业技能岗位新招用人员和新转岗人员，这个群体以年轻人为主，采用"招工即招生"的方式，培养对象具有双重身份，既是企业员工，又是培训机构的学生。从属性上看，企业新型学徒制也是一种职业教育形式[①]。在我国，"脑力劳动优于体力劳动""职业教育是二流教育"等传统观念仍根深蒂固，年轻人选择企业新型学徒制的动力何在，是不能回避的问题。更现实地说，虽然《关于全面推行企业新型学徒制的意见》规定，在培训期间企业应向学徒支付不低于所在地最低工资标准的工资，但实际实施中多数企业会选择按所在地最低工资标准支付工资。因而，如果年轻人同意接受企业学徒培训，意味着在1~2年，甚至3年学徒期内，必须接受较低的收入预期。再者，学徒在培训期间也不是全无压力的，培训期满后，学徒要参加职业技能鉴定、结业考核或来自企业的技能评价，考核结果直接关系到企业从政府获得的财政补贴，这部分压力也会转嫁到学徒身上。培训结束后，学徒在企业的收入是否增加、上升通道是否相对顺畅、留在企业和更换企业哪种选择更为有利，这些将是年轻人要考虑的问题，也是影响企业新型学徒制能否顺利推行的因素。

---

① 马金平、张敏：《我国企业新型学徒制试点方案的不足与改进》，《职业技术教育》2016年第34期。

（二）公益型师徒关系的构建问题

企业新型学徒制实行双导师制，企业师傅由来自企业的优秀高技能人才担任，对学徒开展技能训练，向学徒传授工作经验，培养学徒运用理论知识解决实际操作问题的能力；学校师傅由培训机构教师担任，教授学徒相应的专业知识和操作技能。培训机构本身具备较强的师资实力，教师也有着较为丰富的教学经验，绝大多数教师都是专任教师，能够胜任教学要求，加之教学工作是其主要工作，因此培训机构的教师普遍具有很强的教学动力和意愿。在现代企业中，企业师傅的身份是雇员，这和学徒在企业中的身份没有本质差别，企业师傅工作的首要目的是获得劳动报酬。企业新型学徒制的实施并不完全是一个经济行为，因此在一定程度上要脱离经济色彩，它更强调公共性和教育性，企业师傅还被赋予了教师的角色，但学徒的培训定会给其正常工作和生产带来影响，一旦学徒培训影响了其正常收入，企业师傅的带徒意愿将受到影响。此外，如何选拔企业师傅也是需要考虑的问题，企业师傅不仅要具备高超的技艺和一定的教学能力，还要具备较高的个人素养，目前来看，不少企业师傅在新型学徒培养方面都经验匮乏。需要指出的是，企业员工流动性较强，如何保持长期稳定的师徒关系也需要予以考虑。

（三）企业投入回报率的保障问题

在企业新型学徒制中占主导地位的是企业，成本投入主体也是企业，企业拥有较高的参与积极性是企业新型学徒制成功的关键。在其运行机制中，企业要支付学徒工资、学徒培训费用、企业师傅津贴及机器设备损耗费用、导师误工费用等隐性支出。虽然政府部门对开展学徒培养的企业给予职业培训补贴，但补贴政策并不完备。由于各地经济发展的不平衡，每名学徒每年不低于 4000 元的补贴标准并不能完全抵消学徒的培训费用，大抵只相当于总培训费用的 60%，且采取的是先支后补、按年度结算的办法，企业按规定将学徒培训资料报相关部门后，可预支不超过 50%的补贴，另外 50%补贴的获得则受学徒培训是否合格且能否获得中级以上职业资格证书的限制。可以说，在企业新型学徒制实施过程中，企业的投入相当大。企业参与新型学徒制的本质是人力资本的投资，其终极目标是获得人力资本，进而带动回报的增加，只有在其投资收益为正的情况下，企业才有持续参与新型学徒制的动力。在投入成本大且得不到全额补贴的情况下，企业将寄希望于学徒期满后在企业工作创造的剩余价值。但是，学徒中途毁约或学徒期满后解约的情况并不少见，虽然学徒要承担违约金，但违约金额和企业投入完全不对等，加之目前我国劳动关系存在短期化的特点，期满的学徒如若不能在企业长期工作，企业的投入损失将难以挽回。可见，企业参与新型学徒制面临着较大的成本投入风险。

（四）专业机构监管的缺失问题

企业新型学徒制涉及政府、企业、培训机构、企业导师、学徒、职业技能鉴定机构等多方利益主体，各利益主体立场与关注点不同，当前主要靠合同和协议维系运行，专业机构监管的缺失可能带来以下问题。一是不是所有企业都适合开展企业新型学徒制人才培养，能够开展企业新型学徒制人才培养的企业必须技能劳动者占比 60%以上，且重视技能人才队伍建设，职工培训制度完善，待遇与技能等级挂勾。随着企业新型学徒制的全面推进，筛选企业的工作全部由政府部门承担，政府部门的工作能力和专业性将受到挑战。二是对企业新型学徒的培训是否合格主要取决于学徒能否获得职业资格证书，一方面，当下某些职业资格证书的含金量受到了质疑，另一方面，开展职业技能考核与鉴定的机构本身就是承担企业新型学徒培养任务的主体，既是裁判员又是运动员的现象，给学徒质量评价的公正性带来了较大影响。三是企业新型学徒职业资格证书的获得与企业培训补贴的金额直接挂钩，培训收费是培训机构的重要收入来源，在实际操作中，极有可能存在企业为了获得全额培训补贴、培训机构为了获得更多培训收入，二者暗箱操作，追求合格率而不顾培训质量的问题。四是企业新型学徒制赋予了企业较大的自主权，对于相对缺乏教育培训经验的企业来说，由其主导制订的培训方案、培训计划等是否具有科学性也是需要考虑的问题。

三、企业新型学徒制的推进策略

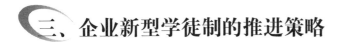

（一）提升学徒留任率，降低企业成本投入风险

　　企业参与新型学徒制的最大风险来自学徒培训结束后的离职，因而降低企业成本投入风险的最佳方法在于提升学徒的留任率。当前，企业与学徒间通过劳动合同维系关系，但劳动合同强制留人的作用有限，更好的办法是建立企业与学徒之间的心理契约，让学徒认同留任比离职更具前景和价值。为此，可以参照德国的学徒培训经验，让更多的大中型企业（员工人数在 500 人以上）参与新型学徒制，留下更多的合格学徒，并给予他们可预期的成长通道，减少外部招聘人数，加剧自由流动培训学徒在大中型企业的就业难度，

从而提升学徒培训后的留任率，形成"高培训率—高留任率"循环①。
同时，完善企业技术人员薪资级别制度和职业晋升通道，按职级定
薪酬、按贡献定绩效、按职称晋升，给予技术人员职业成长机会，
对在企业长期工作的技术人员给予培训、福利等方面的优待。此外，
要降低企业成本投入风险，还需完善成本分担机制。企业新型学徒
培训是一种职业培训，职业培训属于公共事业，政府应当承担责任。
企业新型学徒培训分为企业培训和培训机构培训两部分，其投入成
本也可以分为企业内部支出和培训机构培训费用支出两部分。对于
培训机构培训费用支出，应该由政府财政完全负责，企业只承担内
部培训费用。同时，在企业新型学徒培训的相关主体中，培训机构
的风险几乎为零，学徒的培养质量和职业资格证书的获取影响的是
企业财政补贴的获得，对培训机构的影响非常小，这显然存在弊端，
应将培训机构和企业作为共同奖惩对象，由学徒不合格造成的财政
补贴减少部分应该由企业和培训机构共同承担，从而降低企业成本
投入风险，提升培训机构的积极性。

（二）成立专业机构，健全培养质量评价监管机制

应成立由政府、企业、培训机构及行业组成的企业新型学徒制
人才培养专门机构，该机构主要负责沟通和协调各利益相关主体的
诉求，起到润滑和助推的作用，保障企业新型学徒制的顺利运行；
发挥筛选和监督作用，负责协助政府部门筛选符合条件的企业开展
新型学徒制，监督企业和培训机构职责和义务的落实，定期开展质
量监控，对企业新型学徒制人才培养方案的执行情况、人才培养质

---

① 马金平、张敏：《我国企业新型学徒制试点方案的不足与改进》，《职业技术教育》
2016 年第 34 期。

量及企业劳动合同、协议等的履行等进行监控；开展企业新型学徒制人才培养研究，联合各主体明确新型学徒培养定位，开发新型学徒培训课程、培训项目、培训教材等资源，完善校企合作机制。在企业新型学徒培养质量评价监管方面，在备案审查制度的基础上，对整个项目实施绩效评价，构建多维度、立体化的指标体系，设计绩效实施程序，积极利用绩效评价结果进行反馈与持续优化，建立退出机制，动态调整参与主体，保障新型学徒培养质量。利用互联网和大数据技术，完善职业培训公共服务和监管平台，实行目录清单管理，将参与新型学徒培训的企业目录、培训机构目录等向社会公开，实现信息的共享与透明化。在新型学徒培养质量评价方面，加强专业机构对质量评价的监督，转变以终结性评价为主的评价方式，注重过程性评价，提升职业技能等级证书在企业新型学徒培养质量评价中的地位。

（三）建立导师认证体系，提升导师积极性

尝试建立企业导师资格认证体系，制定企业导师任职标准①。在技术要求方面，企业导师必须是技术技能人员，具有丰富的实践操作经验，自身技能出类拔萃，在专业领域获得过相应奖项或具有较高的地位，且企业导师具有较高的技能职称；在师德方面，企业导师也是教师，应遵守从事教育活动必须遵守的道德规范和行为准则，应具有崇高的师德，乐于奉献、勤于育人，能够最大限度地将知识与技能传授给学徒。企业可根据任职标准对企业导师进行认证和考核，并通过津贴制度和责任制度提升导师带徒的积极性。企业将带徒工作进行量化和转换，给予企业导师相应的带徒津贴，保障导师

---

① 焦彦霜、陈嵩：《企业新型学徒制实施的问题及方略》，《职教论坛》2019 年第 3 期。

利益，并将学徒的培养质量与导师津贴挂勾，提升导师带徒责任心。企业也可以利用奖惩机制来提升导师带徒的积极性，如设立专项资金，对优秀企业导师给予表彰和物质奖励，对于不负责任的导师实施解聘等。为提升企业导师带徒质量，企业应积极与培训机构合作，给予企业导师教学理论和教学技能方面的指导，结合实际工作，共同开发适合企业新型学徒制人才培养的教学资源，解决企业导师教学能力问题。

（四）完善职业资历框架制度，打通技能人才成长通道

虽然企业新型学徒制的主要负责部门是人社部和财政部，但是学徒培养也是一种继续教育和职业培训，且培训机构是企业新型学徒制人才培养的主体，这就必然会牵涉到教育部门。要想全面推进、顺利实施企业新型学徒制，需要多部门的协调与合作。当前，我国现行的教育管理体制存在着学历教育、职业教育、继续教育条块分割、多头管理的问题，教育市场与劳动力市场供需不平衡[①]，表现在企业新型学徒制上就是推进遇阻、对学徒吸引力有限，要提升企业新型学徒制的社会认可度，需要完善国家职业资历框架制度。完善国家职业资历框架制度的重点是建立资格标准体系和实现成果认证转换。资格标准体系包括学历资格标准和职业资格标准，它在国家层面上为各教育领域资格的授予提供了最低标准，能保障教育与培训质量，也为学历资格和职业资格在统一平台上进行等价比较提供可能。以学习成果为导向，开展学分认证、积累和转换，能够打破各系统之间的壁垒，实现各级各类资格之间的沟通，也使终身学习成为现实。更为重要的是，国

---

① 谢莉花：《国家资历框架开发的诉求、经验与趋向》，《职教论坛》2019 年第 8 期。

家职业资历框架制度确立了职业教育在整个学制系统中的地位，实现了职业教育与培训系统的衔接，打通了技术技能人才的成长通道，提升了职业教育的地位。企业新型学徒参与的培训不仅是入职和转岗的职业技能培训，更是以后学历获得和职位晋升的基础，是终身学习成果的一部分。